MONGOL

힐링 몽골

류윤엽 지음 핸뉴북스

머리말

몽골은 한마디로 표현하기 어려운 나라다. 인구는 350만 명밖에는 되지 않지만 몽골의 크기는 우리나라보다 18배나 큰 나라다. 몽골은 평균 해발 1,500m의 몽골 고원에 수도인 울란바타르가 있으며, 세계에서 2번째로 큰 고비 사막과 흉노족과 알타이어족의 발원인 알타이 산맥과 서울의 5배 크기의 넓은 홉스굴 호수를 가지고 있는 나라다.

역사적으로는 공룡 화석이 가장 완벽하게 발견되는 곳이며, 인류의 출현을 알리는 수많은 암각화, 흉노족으로부터 시작하여 전 세계를 정복한 칭기즈칸의 역사로 이어져 현대에 이른 몽골은 가는 곳마다 문화와 역사의 위대함을 여행자에게 알려준다.

몽골인들의 생김새는 한국인과 조금 다르지만, 유전적으로 가장 일치되는 묘한 친근감이 생기게 한다. 그리고 몽골인의 따뜻한 미소는 눈부신 햇살처럼 여행자의 마음을 따스하게 만들고, 여행에 지친 심신을 치유해 준다.

몽골은 자유의 땅이다. 하얀 들꽃들이 흰 구름처럼 끝없이 퍼져 있으며, 눈이 시리도록 푸른 하늘과 마음을 푸르게 하는 녹색의 초원이 하나가 되어 자연과 인간이 하나가 되게 만드는 곳이다. 태고의 자연이 간직한 신비한 몽골은 언제나 현실을 넘어서 꿈과 자유의 세계로 우리를 이끌어 준다.

몽골은 숨이 멈출 정도로 아름다운 곳이다. 저녁노을이 몽골의 땅을 물들이면, 불꽃놀이가 시작되듯 수 놓은 별들이 하늘에 춤을 추며 은하수가 내리쬐는 풍경은 마치 우주의 비밀을 품은 듯하다. 몽골의 초원에서 서면 미지의 새로운 세계로 떠나는 듯하다.

몽골은 자유로운 영혼이 자라나는 곳이다. 몽골의 시간은 느리게 흐르며, 자연의 속삭임이 귓가에 맴돌게 하고, 마음이 꿈을 향해 나아가도록 한다. 칭기즈칸의 흔적을 따라 걷다 보면, 몽골인들의 지혜로운 이야기가 어렴풋이 들려온다. 승려들의 염불 소리와 문명의 흔적이 묻힌 유적지에서는 역사의 여운이 가득한 향연이 펼쳐진다. 몽골에 서 있는 여행객은 어느새 칭기즈칸이 되어 전 세계를 향해 힘찬 행군을 하고 있는 것을 발견할 수 있다.

저자는 몽골을 여행하고 몽고 앓이를 하였다. 몽고를 여행하는 동안 잊고 살던 마음의 자유를 찾았으며, 그 어떤 언어로도 묘사할 수 없는 몽골의 아름다움과 환상적인 순간들을 만끽하며, 영혼을 풍요롭게 하고 싶다는 강렬한 욕망이 일어났다. 몽골 여행을 마치고 모든 것이 자유롭고 무한한 공간에 놀라운 꿈이 펼쳐질 수 있도록, 몽골로 다시 떠나고 싶다는 갈망이 더욱 강렬해졌.

몽골은 꿈의 문이 열려 있는 곳이다. 자연과 인간, 과거와 현재가 어우러져 새로운 세계로 이어지는 길이 바로 몽고 안에 있다. 그 어느 곳에서도 느낄 수 없는 미지의 모험, 탐험이 기다리고 있다. 그리고 그 모든 감동을 당신 스스로가 체험할 수 있다는 것을 신비한 몽골은 약속한다.

여러분들도 자유의 땅 몽골로 떠나시길 바라며, 눈부신 몽골의 아름다운 푸른 하늘과 초원이 당신을 기다리며, 여러분을 맞이할 것이다.

지은이 류윤엽

목 차

머리말 ··· iii
목 차 ·· v

제1장 몽골의 개관 ··· 1

  01. 몽골의 국호 ··· 3
  02. 몽골의 국기 ··· 5
  03. 몽골의 국가 ··· 7
  04. 몽골의 언어 ··· 9
  05. 몽골의 문자 ··· 10
  06. 몽골의 인구와 행정구역 ··· 12
  07. 내몽골과 외몽골 ··· 15
  08. 몽골의 정치 ··· 17
  09. 몽골의 교육제도 ··· 18
  10. 몽골의 사회 현상 ··· 19
  11. 몽골의 위치, 지형, 기후 ·· 20
  12. 몽골의 지하자원 ··· 23
  13. 몽골의 생물 ··· 25
  14. 몽골의 게르 ··· 27
  15. 몽골의 화폐 ··· 28
  16. 몽골의 경제 ··· 29
  17. 몽골의 관광 정책 ··· 30
  18. 몽골의 라마 불교 ··· 31
  19. 몽골의 휴일 ··· 33

제2장　몽골 여행을 위해 준비해야 할 것 ········ 35

　01. 몽골 여행 일정 짜기 ········ 37
　02. 몽골 항공권 구매 ········ 38
　03. 숙소 예약하기 ········ 41
　04. 해외여행자보험 가입하기 ········ 43
　05. 비자와 운전면허증 ········ 44
　06. 짐 꾸리기 ········ 45

제3장　몽골에 도착해서 할 일 ········ 47

　01. 칭기즈칸공항 도착 ········ 49
　02. 시내로 이동하기 ········ 51
　03. 시내에서 택시 타는 방법 ········ 54
　04. 시내버스 타는 방법 ········ 56
　05. 시외버스 타는 방법 ········ 58
　06. 기차 타는 방법 ········ 59
　07. 렌트카 사용 방법 ········ 62
　08. 몽골에서 현지 음식 먹기 ········ 64

제4장　울란바타르 여행 ········ 71

　01. 수흐바타르 광장 ········ 73
　02. 버그드칸 궁전 박물관 ········ 78
　03. 간단 사원 ········ 82
　04. 자이승 전승 기념탑 ········ 84
　05. 탱크 기념탑 ········ 87
　06. 이태준 기념공원 ········ 89
　07. 몽골국립역사박물관 ········ 91
　08. 칭기즈칸박물관 ········ 95

09. 몽골국립자연사박물관 ··· 105
10. 자나바자르 불교미술관 ··· 110
11. 처이진 라마사원박물관 ··· 113
12. 나랑톨 시장 ·· 115

제5장 울란바타르 외곽 여행 ··· 117

01. 칭기즈칸 기마상 ·· 119
02. 13세기 민속촌 ··· 122
03. 테렐지 국립공원 ·· 128
04. 테르킨 차강 노르 국립공원 ··· 135

제6장 홉스굴 여행 ·· 137

01. 홉스굴 ·· 139
02. 홉스굴의 볼거리 ·· 141
03. 홉스굴 여행 계획 세우기 ··· 143
04. 홉스굴 가는 방법 ··· 146

제7장 고비 사막 여행 ·· 149

01. 고비 사막 ··· 151
02. 고비 사막의 볼거리 ··· 153
03. 고비 사막 여행 계획 세우기 ·· 157

제8장 몽골의 전통문화 ·· 159

01. 몽골의 전통 음악 ··· 161
02. 몽골의 전통 악기 ··· 163
03. 몽골의 전통 공예 ··· 168

04. 몽골의 전통 미술 ··· 171
05. 몽골의 전통 무용 ··· 173
06. 몽골의 전통 의상 ··· 175
07. 몽골의 전통 신앙 ··· 181
08. 몽골의 전통 공연 ··· 183

제9장 　몽골의 축제 ·· 185

01. 나담 축제 ··· 187
02. 양 축제 ·· 191
03. 유목민 축제 ·· 192
04. 야크 축제 ··· 193
05. 얼음 축제 ··· 194

제10장 　몽골과 한국과의 관계 ································ 195

1. 여몽전쟁 ··· 197
2. 삼별초의 난 ·· 201
3. 몽골의 사위 국가가 된 고려 ······································ 204
4. 여몽연합군의 일본 정벌 ·· 206
5. 탐라 다루가치 ··· 208
6. 몽골과 한국의 외교 ··· 210

제11장 　몽골의 역사 ·· 213

01. 몽골의 선사 시대 ·· 215
02. 몽골의 흉노시대 ··· 217
03. 몽골의 금나라 시대 ··· 219
04. 몽골제국 시대 ··· 220
05. 원나라 시대 ·· 226

06. 북원 시대 ……………………………………………………… 228
07. 청나라의 지배 시대 ………………………………………… 229
08. 버그드칸국 시대 ……………………………………………… 231
09. 몽골혁명과 공산주의 시대 ………………………………… 233
10. 소련의 준위성국 시대 ……………………………………… 237
11. 몽골의 민주화 시대 ………………………………………… 240

참고 문헌 …………………………………………………………… 245
몽골 여행 상품 소개 ……………………………………………… 247
  01. 럭셔리 몽골 핵심 문화 체험 3박 4일 ………………… 247
  02. 몽골 고비 탐험 5박 6일 …………………………………… 249
  03. 힐링 몽골 10박 11일 ……………………………………… 252

저자 소개 …………………………………………………………… 256

01. 몽골의 국호
02. 몽골의 국기
03. 몽골의 국가
04. 몽골의 언어
05. 몽골의 문자
06. 몽골의 인구와 행정구역
07. 내몽골과 외몽골
08. 몽골의 정치
09. 몽골의 교육제도
10. 몽골의 사회 현상
13. 몽골의 위치, 지형, 기후
12. 몽골의 지하자원
13. 몽골의 생물
14. 몽골의 게르
15. 몽골의 화폐
16. 몽골의 경제
17. 몽골의 관광 정책
18. 몽골의 라마 불교
19. 몽골의 휴일

01 몽골의 국호

몽골의 정식 국명은 몽골에서 사용하는 키릴 문자 표기로는 Монгол Улс (Mongol Uls)이며, 전통적인 몽골 문자 표기로는 ᠮᠣᠩᠭᠤᠯ ᠤᠯᠤᠰ(mongɣul ulus)이며 이는 '몽골국(國)'이라는 의미이다. 몽골이라는 국명은 물론 몽골인의 민족명에서 유래하며 그 어원은 분명하지 않으나 몽골어에서 몽골이란 단어는 '풀로 덮인 땅'이나 '초원'을 의미한다. 이는 몽골의 지형적 특성인 평야와 초원이 많은 지역임을 나타낸다. 몽골인이 나타나기 이전부터 몽골 지역을 휩쓴 튀르크인의 '튀르크예'라는 의미가 '용감한'이라는 뜻이어서 몽골이라는 단어의 의미 또한 '영웅', '지도자'로 추측할 뿐이지 문헌적으로 기록이 존재하지 않는다.

몽골이 역사서에 처음으로 등장하는 것은 몽골제국의 역사서인 「원조비사 ; 元朝秘史」이다. 「원조비사」는 원나라 황실의 비밀스러운 역사라는 뜻이며,「몽골비사」라고도 불린다. 「원조비사」를 보면 몽골에 관련된 명칭으로 몽올(蒙兀)이라는 명칭이 나타난다. 몽올(蒙兀)은 아무르강 상류(아르군강 하반)의 지대에 있었던 약소국 부족 중 하나였을 뿐이었다. 그러나 북송 시절부터 몽골이 강성해지면서 중국에서는 '몽고(蒙古)'라는 명칭으로 불렀다. 북송에서 몽골을 몽고(蒙古)라고 부른 것은 몽골족이 북쪽의 유목민으로서 자주 국경을 침범해 약탈하여 자신들을 많이 괴롭혔기 때문에 이를 비하하기 위하여 '무지몽매한 옛것'이라는 의미로 불렀다.

'몽고'라는 명칭은 몽골이 가장 잘나갔던 원나라 시절에 남쪽으로 쫓겨간 송나라의 공식 문서에도 몽골을 비하하기 위하여 '몽고(蒙古)'라고 한문으로 표기하였다. '몽고'라는 명칭은 중국인만 아니라 몽골인도 한 때 '몽고(懞古)'라는 표기를 썼으며 오늘날 중국에서는 아직도 몽골을 이렇게 표기한다. 그러나 몽골인들은 몽고(蒙古)란 명칭이 '무지몽매한 옛것'이라는 의미를 가지고 있으며, 더욱이 '몽(蒙)' 자가 어리석다는 뜻으로 많이 쓰이고 '고(古)' 자도 낡았다는 의미로 해석될 수 있기에 이 명칭을 사용하는 것을 싫어하여 몽골이라고 불러주길 원하고 있다.

참고 사항

한국에서는 중국의 영향을 받아 고려시대부터 근래까지 몽골을 '몽고'라고 불러왔지만, 1991년에 외래어 심의를 통해 몽고 대신 '몽골'을 표준 명칭으로 정했다. 이후 현재 몽골은 몽골 국가를 칭하거나 민족을 거론할 때도 대부분 '몽골'로 표기한다.

옛날부터 우리는 워낙 '몽고인', '몽고 제국', '몽고 반점', '몽고 간장'이라는 단어에 익숙해 있었기 때문에 '몽고'라는 명칭을 자주 써 왔다. 그래서 지금도 몽골을 '몽고'라고 말하거나 표기하는 사람들이 많다. 그러나 2007년 고등학교 국사 교과서에서 이전까지 '몽고 제국'이라 표현했던 것을 '몽골제국'으로 수정했으며, 각 공문서에서 몽골이라는 명칭을 사용하는 것이 일반화되었다.

뿐만 아니라 '몽고'라는 명칭을 사용하면 기분 나빠하는 몽골인들이 많기 때문에 반드시 몽골에서는 국가 이름은 '몽골' 이라 표현해야 하며, 몽골인은 '몽골리안' 이라고 표현해 주어야 한다.

02 몽골의 국기

몽골의 국기는 여러 차례의 변화를 거쳐 1992년 이후부터 현재까지 사용하고 있다. 몽골의 국기는 세로로 빨강-파랑-빨강의 깃발에 왼쪽의 빨강 바탕에 몽골의 상징인 소욤보 문양이 들어가 있다. 중간에 위치하고 있는 파란색은 영원한 충성과 헌신을 의미하고, 좌우에 위치한 빨간색은 부단한 전진과 번영, 혹은 환희와 승리를 상징한다.

현재 사용하고 있는 몽골 국기

몽골의 국기에 들어 있는 소욤보(ᠰᠣᠶᠣᠮᠪᠣ, Soyombo, 索永布, 색영포)는 몽골인의 문자인 소욤보 표의문자로 구성되어 있는 특별한 문양이다. 소욤보는 몽골의 자유와 독립의 의미를 나타내는 전통적인 문양이다. 따라서 소욤보는 몽골의 상징으로 여겨지고 있으며, 몽골인들이 매우 의미 있게 받아들이고 있다.

그래서 소욤보는 몽골의 국기와 국장 그리고 공식 문서에 많이 사용되고 있으며, 관공서나 화폐에서도 사용하고 있다.

다양한 소욤보 문양

소욤보 문양에 있는 기호들은 다음의 의미를 가지고 있다.

- **불** : 불은 일반적으로 영원한 성장, 풍요로움, 성공의 상징이며, 세 개의 불꽃은 과거, 현재, 미래를 뜻한다. 태양과 달은 아버지의 하늘(텡그리)에 대한 숭배 사상의 상징이다.
- **두 개의 삼각형** : 화살이나 창의 뾰족한 끝부분을 암시하고 있으며, 삼각형이 아래쪽으로 향하고 있는 것은 안과 밖의 적을 무찌른다는 것을 뜻한다.
- **세로로 된 두 개의 직사각형** : 원형보다 안정된 형태를 하고 있는데, 직사각형은 몽골 국민의 정직함과 정의를 뜻하며, 위에서나 아래에서나 모두 가지고 있음을 뜻한다.
- **태극** : 남성과 여성이 서로를 완전하게 해준다는 것을 뜻한다. 공산주의 시절에는 두 마리의 물고기를 뜻한다고 해석하기도 하였는데, 이는 경계심이 많은 물고기가 하루 종일 눈을 감지 않는다는 데서 유래된다고 전해진다.
- **가로로 된 두 개의 직사각형** : 요새의 벽으로 해석되며, 이는 단결과 힘, 그리고 "둘의 우정은 돌로 된 벽보다도 강하다."라는 몽골 속담을 뜻한다.

03 몽골의 국가

몽골 국가(國歌)는 몽골의 가장 위대한 작곡가이자 몽골 고전 음악의 창시자로 여겨지는 작곡가인 빌레깅 담딩수렌(Билэгийн Дамдинсүрэн; 1919~1991)과 몽골의 주요 작곡가인 롭상잠빈 모르도르지(Лувсанжамбын Мөрдорж; 1915~1996)가 작곡했으며, 몽골 작가이자 언어학자인 첸딩 담딘수렌(Цэндийн Дамдинсүрэн; 1908~1988)이 가사를 붙였다. 나중에 가사가 수정되었기 때문에 처음 만들어졌을 때의 가사와 현재의 가사는 조금 다르다.

빌레긴 담딩수렌

첸딩 담딩수렌

초기 가사는 소련의 스탈린과 몽골의 독재자 허를러깅 처이발상을 찬양하는 구절이 들어 있었지만, 1961년에 스탈린 격하 운동의 영향으로 가사가 수정되었다. 수정된 국가의 가사는 인민혁명당을 찬양하는 내용이었는데, 1990년 몽골 민주화 이후로 다시 가사를 수정하면서 공산당을 강조하는 가사는 삭제되었다. 이후로 2006년도에 가사를 추가로 수정해서 현재의 형태가 되었다. 몽골의 국가는 2절로 되어 있으며 가사의 내용은 다음과 같다.

1절	2절
Урьдийн бэрх дарлалыг устгаж 오리딩 베르흐 다를랄리그 오스트가지 파멸 이전의 억압과 어려움에서 벗어나 Ардын эрх жаргалыг тогтоож 아르딩 에르흐 자르갈리그 턱터지 인민의 행복과 권리를 확립하니 Бүх нийтийн зоригийг илтгэсэн 부흐 니팅 저리기그 일트게승 모두의 용기를 전하여 Бүгд Найрамдах Улсаа байгуулсан 부그드 나이람다흐 올사 바이굴승 인민공화국을 건설하노라 Сайхан Монголын цэлгэр орон 새이흥 몽골링 첼게르 어렁 아름다운 나라 몽골이여, Саруул хөгжлийн дэлгэр гүрэн 사롤 훅질링 델게르 구렝 번영하는 광활한 나라여, Үеийн үед энхжин бадартугай 우잉 우이드 엥흐징 바다르도가이 영원히 소중해지고 영원히 번창하여 Үүрдийн үүрд батжин мандтугай 우우르딩 우우르드 바트징 만드토가이 영원히 번영하며 강대해지기를!	Ачит нам алсыг гийгүүлж 아치트 남 알시그 기굴지 사랑하는 당의 시선을 아우르는 Хүчит түмэн улсыг хөгжүүлж 후치트 투멩 올시그 훅줄지 강력한 인민의 나라가 발전하기를 Буурьшгүй зүтгэл дүүрэн хөвчилсөн 보르시구이 주트겔 두렝 훕칠승 흔들리지 않는 의지와 힘이 계속되는 한 Цуцашгүй тэмцэл түүхийг товчилсон 초차시구이 템첼 투히그 텁칠승 멈출 수 없는 투쟁은 역사를 단축시키리라 Сайхан Монголын цэлгэр орон 새이흥 몽골링 첼게르 어렁 아름다운 나라 몽골이여, Саруул хөгжлийн дэлгэр гүрэн 사롤 훅질링 델게르 구렝 번영하는 광활한 나라여, Үеийн үед энхжин бадартугай 우잉 우이드 엥흐징 바다르도가이 영원히 소중해지고 영원히 번창하여 Үүрдийн үүрд батжин мандтугай 우우르딩 우우르드 바트징 만드토가이 영원히 번영하며 강대해지기를!

몽골 국가 유튜브 : https://youtu.be/jt8pvqVul80

04 몽골의 언어

몽골어는 몽골민족 고유의 언어이자 몽골 헌법에 명시된 공용어이다. 몽골어 가운데 인구의 약 89%를 차지하는 할하 몽골어가 표준어로 널리 통용되고 있다. 몽골어는 알타이어족(Altaic) 언어군에 속하며, 이 언어들은 아시아 내륙에서 북쪽으로는 동시베리아, 서쪽으로는 유럽 동부에 이르는 광대한 지역에서 각각 튀르키예인·몽골인·만주-퉁구스인에 의해 광범위하게 사용되고 있다.

몽골어는 몇몇 국가에서 공식 언어로 인정되어 있으며, 1945년에는 몽골어 표준어가 제정되어 표준어 교육과 공식 문서 작성 등에서 사용하고 있다. 또한, 1992년 몽골이 러시아와의 연방 해제 이후, 국가 언어 정책을 바탕으로 몽골어의 교육 및 보호, 사용을 촉진하고 있다.

몽골은 소련 준위성국으로 오랫동안 지냈기 때문에 소련의 영향으로 러시아어가 주요 제1 외국어가 되었다. 그러다 소련 붕괴 이후엔 영어, 독일어, 프랑스어, 중국어, 한국어, 일본어 등 주요 국가의 언어도 배우는 사람이 많아지기 시작했다. 2007년엔 블라디미르 푸틴 러시아 대통령이 몽골을 방문한 이후, 러시아어도 몽골 학교에선 필수 외국어로 지정되었다.

한국에 외국인 노동자로 일하다 온 사람이 많고 유학생들도 많으며 몽골 여행을 가면 한국어를 유창하게 하는 현지인을 쉽게 만날 수 있다. 한몽 양국 관계가 1990년대 후반 이래로 급속하게 확대 발전되면서, 한국에 유학 또는 이주민 여성 및 취업했다가 돌아간 몽골인이 약 30만 명에 이르는 것으로 알려져 있다. 따라서 몽골은 애초에 영어권과 별로 인연이 없는 지역이었기 때문에, 영어 통역보다 한국어 통역을 구하기가 더 쉬울 때도 많다.

05 몽골의 문자

몽골 민족은 9세기부터 20세기 초까지 여러 종류의 문자들을 받아들여 이용해 왔다. 몽골에서 사용된 문자를 보면 페니키아문자 → 소그드문자 → 위구르문자 → 거란문자 → 몽골 비칙 → 키릴문자 순이다.

몽골 비칙(монгол бичиг)은 1204년경에 몽골어를 위해 만들어진 여러 표기 체계들 가운데 하나이다. 몽골 비칙은 위구르어 필경사인 타타르 통가가 만들었다. 타타르 통가는 몽골과 나이만과의 전쟁에서 몽골인들에게 포로로 붙잡혔을 때 칭기즈칸은 몽골 고원의 모든 민족을 위한 표기 체계를 만들라고 명했다. 몽골 비칙은 시리아 문자에서 파생된 문자이며 소그드 문자를 거친 위구르 문자를 고쳐서 7개의 모음과 26개의 자음으로 체계를 만들었다.

몽골 비칙(위구르징 문자)

몽골은 1930년대 잠시 로마자 알파벳을 차용하여 서적, 신문의 표지 및 제목, 정치선전지 등에만 사용하였으나 널리 확산되지 못했다. 그러다 1946년 1월 1일부터 공식문자로 소련의 키릴문자를 차용하여 사용하게 되었다.

키릴 문자의 도입은 당시 몽골 국민의 높은 문맹률을 획기적으로 감소시키기 위한 정책의 일환으로 기존 러시아의 33개 자모에 키릴 문자에는 없는 'ө', 'Y' 2 모음자를 더 추가하여 사용하게 되었다. 키릴 문자는 그리스 테살로니키에서 태어난 선교사인 키릴(Cyril; 826 또는 827~869)과 메토디우스(Methodius; 815~885) 형제가 960년대에 그리스 문자를 바탕으로 동유럽의 슬라브족에게 동방정교회를 전파할 목적으로 만든 문자로 키릴문자는 과거 소련의 16개 위성국으로 알려진 국가들에서 로마자 다음으로 많이 쓰이고 있다.

키릴문자의 모음은 기본 모음 7자(а,э,и,о,ө,у,Y) 보조 모음 6자(я,е,ё,ю,й,ы) 와 부호 2자(ь,ъ)를 합친 총 15자로 구성되어 있다. 나머지 20자가 자음(ф, ц,ж,н,г,ш,з,к,б,х,р,л,д,п,ч,с,м,т,в,щ)에 해당한다.

1941년 3월 25일 몽골 회의에서 1946년 1월 1일을 기점으로 키릴문자를 공식 문자로 사용하기로 하였다. 그러나 키릴문자가 본격적으로 사용하게 된 계기는 1950년부터 키릴문자를 몽골의 통일된 공식 문자로 사용하는 운동을 전개하여 사회 전체에서 키릴문자가 통용되기 시작하였다. 키릴문자는 빠르게 문맹을 타파했고 몽골 역사상 처음 통일된 문자가 되었다.

키릴문자는 언문이 일치된다는 장점이 있지만, 기존 문자에서 급격히 대체됨에 따라 문법 표기 방식 불일치 등의 문제점이 발생하고 있다. 따라서 몽골 정부는 전통문화의 부활 등을 이유로 1994년 몽골 비칙을 부활시켰고, 2017년 7월 언어법을 제정, 2025년부터 정부 및 공기관에서 공식적으로 몽골 비칙과 키릴문자를 병행하기로 결정하였다.

06 몽골의 인구와 행정구역

몽골은 세계적으로 영토는 방대한 나라지만 인구가 너무 적다. 남한 면적의 18배가 넘는 넓은 나라임에도 불구하고 인구가 2022년 기준으로 3,457,548명 밖에 되지 않는다. 이는 부산광역시와 비슷한 인구다. 이 중에서 남성은 1,696,148명이고 여성은 1,761,400명으로 여성이 65,252명이 많다.

몽골의 연령별 인구

몽골의 연령별 인구

연령대별로 보면 인구 분포를 보면 0~4세까지가 366,413명이고, 5~9세까지가 395,969명이고, 10~14세가 342,417명이고, 15~19세가 233,234명이고,

20~24세가 231,117명이고, 25~29세가 241,732명이고, 30~34세가 306,084명이고, 35~39세가 280,000명이고, 40~44세가 236,746명이고, 45~49세가 211,527명이고, 50~54세가 179,206명이고, 55~59세가 152,087명이고, 60~64세가 118,793명이고, 65~69세가 71,329명이고, 70세 이상이 90,894명이다.

몽골의 민족

몽골을 구성하고 있는 주요 민족은 할하(Khalkha) 몽골족으로 몽골 인구의 89%를 구성하고 있다. 몽골인들은 주로 몽골어를 사용하며, 몽골제국을 건설한 칭기즈칸의 후손들이다.

몽골족은 오늘날 외몽골 전역과 중국 내몽골자치구의 약 500만명, 청해성을 포함한 8개 성의 약 50만명, 러시아 내 부리야트 공화국과 볼가강 유역의 칼미크족을 합하여 약 50만명, 아프가니스탄 및 파키스탄 등지에 거주하고 있는 하자라족 약 100만명 외에도 카자흐스탄의 토레족 약 30만명 등 전 세계적으로 약 1천만 명 정도의 인구를 가지고 있다.

몽골의 지역별 인구

몽골의 행정구역은 수도 울란바타르와 21개의 아이막(айма)으로 나뉘며, 그 하위에 329개의 솜(сум)이 있다. 그보다 하위엔 박(6а)이 있으나, 마을 같은 개념이지 정식 행정구역은 아니다.

행정구역 별로는 수도인 울란바타르에 1,691,766명(2023년 기준)이 거주하고 있어 몽골 인구 전체의 절반인 48.9%가 몰려 있어 인구 밀집이 현상이 두드러진다. 다음으로는 홉스굴 지역에 136,633명이 살고 있으며, 나머지는 대부분 지역에 1~3%의 인구가 고루 분포하고 있어 인구 밀도가 매우 낮다.

<표-1> 몽골의 지역별 인구

지역	인구(명)	비율(%)	지역	인구(명)	비율(%)
울란바타르	1,691,766	48.9	홉스굴	136,633	4.3
비양-올기	114,776	3.3	고비숨베르	18,007	0.5
고비알타이	57,098	1.6	다르항-오올	107,932	3.1
자브항	71,798	2.1	더른고비	46,387	1.3
오브스	83,964	2.4	돈드고비	72,937	2.0
허브드	91,071	2.6	셀렝게	107,341	3.1
아르항가이	93,149	2.7	토브	92,038	2.7
리치	88,397	2.6	허브드	83,704	2.4
볼강	61,161	1.7	수흐바타르	65,214	1.9
어르헝	109,125	3.2	헨티	78,959	2.2
어워르항가이	114,962	3.3			

07 내몽골과 외몽골

오늘날 몽골국이라고 하면 내몽골(內蒙古)과 외몽골(外蒙古)로 나뉘어져 있는 것으로 아는 사람들이 많다. 그러나 엄연히 두 개의 몽골은 다른 국가이다. 내몽골과 외몽골로 나눈 것은 중국 중심의 사관에서 비롯되었다. 중국 입장에서 보면 자신의 나라는 중심이라는 의미를 가지고 있고 내몽골의 내(內) 자는 중국 안쪽의 몽골이라는 의미로 내몽골이라 하고 혹은 중국령 몽골, 또는 '사막의 남쪽'이라는 의미로 막남(漠南)몽골이라고도 일컫는다.

역사

내몽골에는 칭기즈칸의 진정한 후손인 버르지긴 혈통이 다스린 차하르부가 있었다. 원나라가 쇠퇴하여 몽골고원으로 밀려났던 북원이 멸망하자 원나라의 옥새는 차하르부로 넘어가게 되는데, 후금이 침략해 들어오자 차하르부는 옥새를 후금의 칸에게 넘겨주고 항복하였다.

후금이 청나라가 되어서는 내몽골 지역은 청나라의 지배를 받게 된다. 청나라는 당연히 내몽골의 차하르를 밀어주고 외몽골을 핍박하여 차하르는 다시금 내몽골에서 가장 강한 세력이 되었다. 그리고 차하르 몽골인들은 자연스럽게 청나라의 앞잡이가 되어 외몽골 부족들을 탄압하기도 했다. 나중에 내몽골은 중화민국에 편입되었기에 국적상 중국인이며 중화인민공화국이 들어서면서 자치령이 되었다.

그러나 외몽골에 거주하고 있던 몽골인들은 계속 저항하다가 결국 청나라에 17세기 후반 청나라에 정복되어 1911년 청나라가 멸망할 때까지 청나라의 지배를 받았다. 청나라는 몽골족을 분할 통치하여 내몽골과 외몽골로 나누었다. 내몽골은 순순히 항복했기에 중국의 일부로 편입하였고 외몽골은 저항이 심하자, 청나라는 자치를 인정하면서도 보호령으로 만들었다.

1911년 청나라가 멸망한 후 중화민국이 들어서자, 외몽골은 독립을 선언하고 나라 이름을 몽골이라 하였다. 몽골인들은 자신을 외몽골이라 표현하는 것을 불쾌히 여겨 중몽골 또는 몽골국이라 하여 구별하기도 한다. 오늘날에 몽골인이란 단어는 주로 독립국인 몽골국의 국민을 뜻하며, 내몽골인은 중국 내 소수민족으로 분류되기 때문에 몽골족 또는 내몽골인으로 구분한다.

부족

두 몽골은 같은 몽골인이라고 생각하지만, 외몽골은 몽골인 중에서도 할하 몽골과 및 오이라트인이 주로 살고 있으며, 내몽골에는 차하르 부족이 살고 있어 부족 간의 차이가 있다. 원래 유목민족은 부족이 다르면 이방인 취급하는 경우가 많다. 따라서 할하 몽골과 차하르라는 부족 간의 차이는 매우 크다.

외몽골인의 다수는 할하 부족 출신이거나 그에 지배받던 몽골인이기에 서로 관계가 좋은 편이지만, 내몽골의 차하르 몽골인은 오르도스족, 위구르 족, 타타르 족 등 다민족이기에 종교적으로 문화적으로 차이가 많아 사이가 좋지 않다.

내몽골과 외몽골이 있어서 분단국가로 보기도 하고, 같은 민족으로서 통일해야 한다고 주장하는 세력도 있다. 차하르 몽골족에서도 역사적으로 몽골족 통합을 시도하려고 했던 인물이 근대에도 있었다. 비록 일본의 꼭두각시에 지나지 않았지만, 뎀치그돈로브는 몽골 민족 통합의 꿈을 위해 일본에 협력했었다. 그리고 외몽골을 감시하기도 하여 외몽골인들은 내몽골을 싫어하는 사람이 많다. 또한 외몽골은 1930년대 후반 공산당이 집권하였을 때 몽골의 귀족들을 잡아 죽인 역사가 있이, 시로 사이가 좋지 않았으니 1970년대 이후로 친지 간 방문 및 양국 간 교역이 확대되면서 관계가 점차 개선되고 있다.

08 몽골의 정치

몽골은 단일 국가로서의 정치적 지위를 가지고 있으며, 바르샤바 협약에 따라 다당제를 채택한 민주주의 국가이다. 몽골의 정치 체제는 대통령 중심제로 대통령이 국가의 행정부와 국방을 담당하고, 내각은 대통령의 위헌적 행위나 대통령의 법안 거부에 대응하여 책임을 진다. 국회는 한 집회당 76명의 국회의원으로 구성되며, 선거에 의해 선출된다. 국회에서 법안을 검토하고 토론하여 정책 결정에 참여하게 된다.

몽골의 대통령은 4년마다 선거를 통해 선출되며, 임기는 4년이다. 대통령은 국가의 행정부를 이끄는 최고 지도자이며, 국가의 법률과 헌법을 시행한다. 대통령은 내각을 임명하고, 국제적인 대표자로서 국가 간 협상과 외국 관계를 수행한다.

몽골의 내각은 대통령의 임명에 의해 선출되며, 내각원들은 대통령의 지시에 따라 정부 업무를 담당한다. 내각은 법안의 제정, 예산 편성, 정부 정책의 수립과 시행 등 다양한 업무를 수행한다. 내각의 수장은 총리로, 대통령이 임명한다.

몽골의 법체계는 민법과 형법을 기반으로 하며, 법률은 국회에서 제정된다. 몽골은 법치주의 원칙을 중시하며, 개인의 권리와 자유를 보호하기 위해 법적 체계를 갖추고 있다.

정치적으로, 몽골은 다당제를 채택하고 있으며, 다양한 정당들이 존재하고 정치적 경쟁이 이루어지고 있다. 국내 정치 환경은 시간이 지나면서 변화하고 발전해 오고 있다.

09 몽골의 교육제도

소련이 존재하던 시기에 몽골에서는 소련의 막대한 지원에 따라 국토 전역에 초등학교가 설립되었다. 하지만 몽골 특유의 유목 생활로 인해 취학률은 70%를 넘지 못했다. 이를 해결하기 위하여 몽골의 교육제도는 5세 이상의 모든 아동과 청소년에게 교육을 제공하는 법적 의무 교육 체계로 구성되어 있다. 90년대 중반부터는 일부 초등학교에 기숙사를 설치해서 학생들을 취학시키기 위해 노력하고 있다. 몽골 교육제도는 기본 교육, 중등 교육, 고등 교육 및 전문 교육으로 구분된다.

기본 교육은 6세부터 14세까지의 아동들을 대상으로 한다. 기본 교육은 유치원과 1~5학년의 초등학교로 구성되어 있다. 기본 교육은 국어, 수학, 과학, 사회과학, 예술 및 체육 등의 과목을 포함하고 있다.

중등 교육은 15세부터 18세까지의 청소년들을 대상으로 한다. 중등 교육은 6~9학년의 중학교로 구성되어 있다. 중등 교육에서는 학문적인 지식과 학문적 발달을 강조하며, 학생들은 국어, 수학, 과학, 사회과학, 외국어 등 다양한 과목을 수강한다.

고등 교육은 대학과 대학원으로 이루어져 있다. 몽골에는 공립 대학과 사립 대학, 기술 대학, 예술 대학 등 다양한 종류의 대학이 있다. 고등 교육은 학문적인 깊이와 전문성을 강화하기 위해 다양한 전공 분야를 제공한다. 몽골의 대학들은 수도인 울란바타르에만 있으며, 전부 국립대학 형식으로 운영되고 있다.

전문 교육은 실용적인 기술과 직업 교육을 제공하는 교육 분야이다. 전문 교육은 기술 대학, 직업 교육 기관, 학원 등을 통해 이루어진다. 전문 교육은 학생들이 직업 기술을 습득하고 취업할 수 있도록 준비된다.

10 몽골의 사회 현상

가족 중심 문화

몽골은 가족 중심의 문화를 가지고 있다. 가족은 몽골 사회의 핵심 단위로 여겨지며, 가족 구성원들 간의 유대감과 상호 의존성이 강조된다. 가족 구성원들은 서로를 돌봄하고 상호 지원하며, 가족 관계를 중요시하는 경향이 있다.

전통문화

몽골은 오랜 역사와 독특한 문화유산을 갖고 있다. 몽골 전통문화는 몽골인들의 삶의 방식과 가치관에 큰 영향을 미치고 있다. 몽골인들은 전통의상, 음악, 무용, 목조 건축 등을 소중히 여기며, 전통문화의 유지와 보존을 중요하게 생각한다.

유목 생활

몽골의 일부 지역에서는 과거처럼 유목 생활을 유지하는 사람들도 있지만, 도시화와 현대화의 영향으로 인해 점차 유목 생활의 형태와 방식이 변하고 있다. 도시로의 이주와 생활 방식의 변화로 인해 유목 생활이 점차 감소하고 가족들이 도시로 집결하는 추세를 보이고 있다.

11 몽골의 위치, 지형, 기후

위치

몽골은 중앙아시아에 위치한 내륙 국가로, 동경 87°부터 119°사이의 경도와 북위 41°부터 52°사이의 위도에 위치한다. 동쪽으로는 중국과 서쪽으로는 러시아와 북쪽으로는 러시아와 카자흐스탄와 국경을 접하고 있다.

지형

몽골의 지형은 대부분 고원으로 이루어져 있다. 그중에서 가장 큰 고원은 몽골(Inner Mongolia)고원으로 몽골의 북쪽 일부와 중국의 내몽골 지방에 걸쳐 있다. 이 지역은 대부분 평야와 초원으로 이루어져 있으며, 태백산맥과 알타이 산맥이 경계를 이루고 있다.

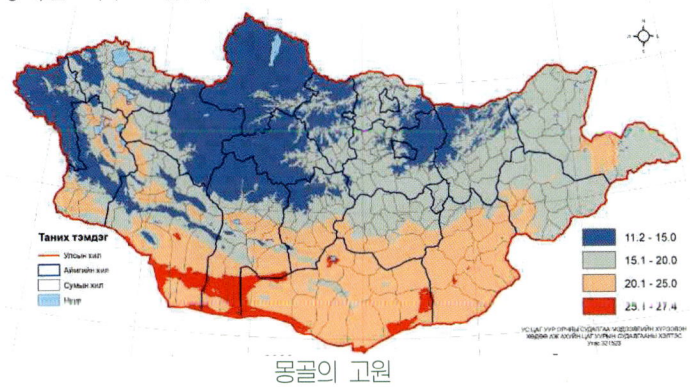

몽골의 고원

고원은 평균 해발 고도가 상대적으로 높은 지형으로, 평지보다는 높고 산악지대보다는 평평한 지형을 가리킨다. 몽골은 대부분이 아시아의 중앙 고원에 위치하고 있으며, 이는 대부분이 고도 1,000m 이상인 평야와 평원으로 이루어져 있다.

몽골의 고원은 평균적으로 해발 고도가 1,000m에서 1,500m 사이에 위치하며, 몽골 중앙부의 바야난 고원과 동부의 다흐안 고원 등이 유명하다. 이러한 고원 지형은 몽골의 특징적인 지형으로서 몽골 문화와 생활에 영향을 미치고 있다.

기후

몽골은 광범위한 지역을 포함하고 있기 때문에 지역에 따라 기후가 다양하다. 기후는 몽골 전 지역이 차이가 있지만 내륙국에 고지대가 많다 보니 대체로 건조하고 연교차가 굉장히 크며 겨울이 매우 추운데, 서북쪽으로 갈수록 연교차가 커지고 남쪽으로 갈수록 건조해진다. 일반적으로 몽골은 대륙성 기후로 분류되며, 추운 겨울과 더운 여름이 특징이다. 아래는 몽골의 주요 지역의 월별 평균 기온이다.

<표-2> 몽골 주요 지역의 평균 온도

지역	평균 온도	
울란바타르 (Ulaanbaatar)	• 1월: -24°C • 4월: 3°C	• 7월: 18°C • 10월: -4°C
다르항 (Darkhan)	• 1월: -24°C • 4월: 2°C	• 7월: 20°C • 10월: -2°C
홉스굴 (Khovd)	• 1월: -18°C • 4월: 4°C	• 7월: 25°C • 10월: 4°C

몽골은 강한 바람과 극한 기온 변화가 특징이며, 황사 폭풍이 발생할 수도 있다. 겨울엔 차강 조드(ᠴᠠᠭᠠᠨ, зуд/Zud)라 하는 혹한이 찾아와 큰 피해를 준다. 차강 조드가 일어날 때마다 가축이 죽는데, 1944년엔 700만 마리의 가축이 죽는 극심한 혹한이 있었고, 최근 2010년에도 서북부 옵스 지역에서 50일 동안이나 기온이 -55℃ 밑으로 떨어지는 등의 혹한으로 전국 가축의 17%인 200만 마리의 가축이 죽었다. 역대 최저 기온은 앞에 말한 오브스 지역에서 기록된 -58℃로 혹한과 눈보라 때문에 인명피해도 발생한다고 한다.

12 몽골의 지하자원

몽골은 다양한 천연자원을 보유하고 있다. 이는 주로 광물 자원으로서 석탄, 철광석, 구리, 금, 우라늄 등 다양한 광물 자원의 보유량이 많다. 또한, 가축이 몽골 경제의 중요한 부분을 차지하고 있으며, 몽골인들은 가축 사육과 축산업에 종사하고 있다.

석탄

몽골은 풍부한 석탄 자원을 보유하고 있으며, 국내 에너지 생산 및 수출에 중요한 역할을 한다. 몽골의 석탄은 고품질이며, 낮은 황 함유량을 가지고 있다. 이는 석탄을 연소할 때 발생하는 대기 오염물질의 배출량을 줄이는 데 도움을 준다. 몽골의 석탄은 주로 갈색 석탄(Brown coal) 또는 흑색 석탄(Black coal)으로 알려져 있다. 갈색 석탄은 수분 함유량이 높고 낮은 열값을 가지고 있으며, 주로 열 발전에 사용되는 반면에 흑색 석탄은 수분 함유량이 낮고 높은 열값을 가지고 있어 열 발전 및 산업용 연료로 사용된다.

몽골의 주요 석탄 채굴 지역은 남고비의 타왕털거이 광산, 탈얀조르 등이 있다. 몽골의 석탄은 국내 수요를 충족하는 동시에 인접한 중국 및 러시아로 주요 수출 시장을 지니고 있다.

철광석

몽골은 상당량의 철광석을 보유하고 있으며, 철의 함유량이 높고, 불순물 함유량이 상대적으로 낮다. 이러한 품질은 철의 생산 과정에서 효율적인 제련과정을 가능하게 하며, 철과 관련된 산업에서 요구되는 품질 요건을 충족시킨다. 몽골의 주요 철광석 채굴 지역으로는 에르딩 탈, 템연, 달얀조르, 터벨지 등이 있다. 대규모 철광석 광산이 운영되고 있으며, 철광석 생산이 활발하게 이루어지고 있다.

구리

몽골의 구리는 순도가 높고, 불순물 함유량이 상대적으로 낮다. 이러한 고품질의 구리는 산업용으로 사용될 때 우수한 전도성과 내식성을 가지며, 철강 및 전기 산업에서 중요한 역할을 한다. 구리 채굴은 에르딩 탈, 템연, 탈얀조르 등의 지역에서 대규모 광산이 운영되고 있으며 국내 수요를 충족하는 동시에 국제 시장으로 수출되고 있다. 주변 국가들 중 중국은 몽골의 구리를 주요 수입국으로 여겨지고 있으며, 세계적인 구리 수요에 기여하고 있다.

금

몽골은 금광 자원이 풍부한 지역으로 알려져 있다. 광산회사들이 몽골 내에 다수의 금광을 개발하고 있으며, 이러한 자원량은 국내 사용과 수출에 활용된다. 몽골의 주요 금광 채굴 지역으로는 남고비의 어요털거이 광산, 아즈라이 등이 있다. 몽골의 금은 국내 수요를 충족하는 동시에 국제 시장으로 수출되고 있고 국내 및 외국의 광산회사들이 금광 개발을 위해 활동하고 있다. 이는 몽골 경제에 직간접적으로 영향을 주며, 채용과 투자 등을 통해 지역 경제의 활성화에 기여한다.

13 몽골의 생물

몽골은 다양한 생물 종류를 가지고 있다. 이는 몽골의 지리적 특성과 다양한 서식지의 존재로 인해 가능해진 것이고 서식하는 생물은 다음과 같다.

포유류

몽골에는 다양한 포유류 종이 서식하고 있다. 이 중 일부 종은 희귀하거나 멸종 위기에 처해 있다. 예를 들어, 몽골에는 흔히 알려진 몽골 참두꺼비(9cm 크기로 유해한 곤충을 잡아먹고 살아 인간에게 유용하나 개체 수가 감소되고 있는 양서류), 시베리아 표범, 시라소니(고양이과 포유류로 '링크스'라고도 한다) 등의 포유류가 서식하고 있다.

초원에는 몽골 가젤과 영양 등 우제류가 있으며 몽골 야생마와 야생 당나귀도 서식한다. 맹수로는 주로 늑대가 많은데 약 1만 마리 수준이다. 그 밖에 눈표범이나 불곰, 여우도 존재한다.

몽골 참두꺼비

시베리아 표범

조류

몽골은 다양한 조류 종을 관찰할 수 있는 중요한 지역이다. 조류로는 검독수리, 쇠재두루미 등이 서식하며, 몽골의 습지 지역은 여러 종의 조류들이 서식하는 곳이다. 몽골은 유럽과 아시아의 조류 이동 경로 중요 지점으로 알려져 있다. 한국이나 인도 등지에서 겨울을 나는 철새들이 번식을 위해 찾아오기도 한다.

검독수리

쇠재두루미

파충류와 양서류

몽골에는 다양한 파충류와 양서류 종이 서식한다. 예를 들어, 몽골 옹이나무 거북, 마멋, 땅다람쥐, 사막뱀 등이 있다. 마멋은 몽골의 초원에서 자주 볼 수 있으며, 토끼만한 설치류로 성격은 온순하지만, 전염병을 전달하는 매개체 역할을 하여 가까이하는 것은 자제해야 한다. 또한 사막에서는 전갈이나 독사가 있으므로 사막 체험을 할 때는 주의해야 한다.

마멋

옹이나무 거북

14 몽골의 게르

몽골의 전통 주거 시설은 대표적으로 게르(Ger)라고 불리는 원형 텐트로 알려져 있다. 몽골의 게르는 수세기 동안 몽골의 유목민들이 사용한 전통적인 주거 형태다. 유목민들은 목축과 농업을 겸비하며 이동하면서 생활하였고, 게르는 이동하면서도 간단하게 설치할 수 있는 이상적인 거처였다. 게르는 몽골 문화의 핵심적인 부분으로 여전히 몽골 사람들에게 중요한 주거로서 역할을 하고 있다.

게르는 몽골인들의 삶과 환경에 적합한 구조로 설계되어 있으며, 기본적으로 원형 형태로 구성되어 있으며, 목구조와 천으로 만들어진다. 몸체를 이루는 기둥이나 골격은 목재를 사용하며, 목재를 연결하는 방식은 전통적으로 끈 또는 가죽 줄을 사용한다. 몸체 구조가 완성되면 외부에 천을 덧대어 천장과 벽을 형성한다.

게르를 설치하는 모습

게르

게르의 내부 벽은 보통 양털을 눌러 만들어 둘러 겨울철에 보온성을 높이고 여름에는 바람이 통할 수 있도록 하였다. 게르의 천은 주로 목련 또는 양털 등을 사용하며, 내부에는 담요나 침구류를 깔아 편안함을 제공한다.

15 몽골의 화폐

몽골의 통화는 투그릭이라고 한다. ISO 4217 코드는 MNT이며, 기호는 ₮로 표현한다. 투그릭의 뜻은 흔히 화폐 단위로 쓰는 圓(둥글 원)과 같은 '둥글다'이다. 현지 발음은 '툭룩'에 가깝게 발음한다.

투그릭의 보조단위로 뭉그가 있다. 1투그릭은 100뭉그(мөнгө)지만 몽골의 인플레이션이 가파른 수준(연 16~17%)이기 때문에 뭉그에 해당하는 단위는 일찌감치 없어졌으며, 뭉그 단위의 동전과 지폐는 찾아보기 어렵다.

몽골 화폐 단위는 1투그릭, 5투그릭, 10투그릭, 20투그릭, 50투그릭, 100투그릭, 500투그릭, 1,000투그릭, 5,000투그릭, 10,000투그릭, 20,000투그릭 등의 11가지 종류가 있는데 1투그릭은 거의 사용하지 않는다.

16 몽골의 경제

몽골은 1990년대 소련이 붕괴하고 몽골에서도 사회주의 일당 지배 체제가 막을 내리면서 몽골은 계획경제에서 시장경제로 이행하였다. 민주주의 체제로 전환하는 과정에서 몽골의 경제 환경은 모든 것이 바뀌면서 경제적으로 많은 어려움을 겪었다.

몽골은 사회주의 국가에서 민주화가 되면서 자본주의 시장경제를 도입하고 주로 자원 기반의 경제를 갖추고 있다. 몽골은 80여 개의 광물을 보유한 광물 자원 부국인 만큼 광물 수출이 몽골 전체 수출의 80% 이상을 차지하고 있다. 몽골은 이웃 나라인 중국으로의 광물 수출 비중이 높았으나 최근 제3의 이웃국으로의 광물 수출 비중이 확대되고 있다. 다만 몽골 경제 전반이 원자재에 의존하는 비율이 크다 보니 원자재 가격의 동향에 따라 경제가 흔들리는 문제점이 있다.

2000년대에 들어서 국제 원자재 가격의 상승으로 인하여 몽골 경제는 급속한 성장세를 기록하고 있다. 몽골 경제는 2021년에는 1.4%의 낮은 경제성장률 수준에서 2022년 경제성장률은 2.3% 성장하였다. 2023년에는 내수 증가 및 투자 유치로 인하여 경제성장률은 더 높아질 것으로 예상된다.

2022년에는 상품 수급 차질, 대외 교역 차질, 유가 인상에 따른 사업비 악영향 등으로 인플레이션이 상승해 연평균 인플레이션율이 12.4%로 급격하게 상승하였다. 2023년에는 부정적 영향이 상대적으로 완화된다고 가정하면 평균 인플레이션은 9.3% 수준에서 안정화될 것으로 예상된다. 2022년 세계은행(World Bank) 추산 몽골의 1인당 국내총생산(GDP)은 4,556달러로 한국에 비교하면 1/7수준이지만 물가 인플레이션이 심해 식비나 숙박비는 한국과 큰 차이가 없이 고물가를 유지하고 있다.

17 몽골의 관광 정책

몽골은 세계를 정복한 놀라운 역사와 문화를 가졌을 뿐만 아니라 광활한 자연의 아름다움을 지닌 신비한(매력적인) 나라다. 경제는 광업 부문의 수출에 크게 의존하고 있으나, 몽골 정부는 관광산업을 육성해 2024년까지 100만 명의 외국인 관광객 유치, 관광 수입 10억 달러(한화 약 1조 3,275억 원) 달성을 목표로 내세웠다. 이를 위해 몽골은 생태관광 활성화를 통해 관광산업의 지속가능성에 초점을 맞추고 있다.

현재 몽골에서도 인간과 환경에 해가 되는 환경 문제가 많이 발생하고 있는데, 자연적 요인과 인위적 요인이 중첩되어 있다. 기후 변화로 인한 사막화, 자연재해, 토지 황폐화 등은 물론, 무모한 개발과 공해 발생, 화재 등도 큰 영향을 미쳤다. 이런 이유로 몽골의 사막화가 빨라지면서 대기도 점점 더 건조해지고 있으며, 일부 동식물은 멸종 위기에 처해 있기도 하다.

게다가 몽골의 수도인 울란바타르에는 인구 밀집과 급격한 산업화 현상이 발생함에 따라 대기 및 수질 오염 문제가 더욱 심각한 상황이다. 이에 몽골 정부에서는 울란바타르의 환경 조건과 주민 삶의 질 개선을 위해 녹색 인프라 프로젝트를 시행했다. 이 프로젝트로 녹색 지붕, 녹색 벽을 쉽게 만나볼 수 있으며, 건물마다 태양열 발전시설을 설치했다. 이는 도시의 열섬 현상 감소 효과가 있으며, 관광객은 지속가능한 생태환경을 직접 보고 배우는 기회를 얻게 된다.

몽골관광부는 지속가능발전을 위한 생태관광 상품을 개발해 환경뿐 아니라 지역 사회와 국가 경제에 보탬이 되기 위해 노력 중이다. 즉, 몽골 여행은 자연환경보호, 천연자원 및 생물 다양성의 보전을 위한 지속가능한 생태관광을 직접 체험하는 특별한 기회가 될 수 있다.

18 몽골의 라마 불교

몽골은 종교의 자유를 인정하고 있으며 몽골 인구 중 총 60%가 종교를 가지고 있으며 그중 92%가 라마 불교, 4.5%는 기독교, 나머지는 이슬람과 샤머니즘 등을 믿고 있다. 신앙을 가진 92%가 라마 불교를 믿고 있을 정도로 몽골의 라마교는 몽골의 역사와 문화에 지대한 영향을 끼치고 있다. 따라서 몽골을 이해하기 위해서는 몽골의 라마교를 알아야 한다.

티베트 라마 불교가 전파되기 전에도 몽골에서는 '샤머니즘'이 융성하여 하늘, 땅, 달, 불 등을 숭배하다 16세기부터 대표적인 신앙으로서 자리를 잡았다. 라마교가 처음 들어온 것은 13세기에 중국을 완전히 정복한 후 원나라를 세운 쿠빌라이칸이 티벳을 점령하면서 티벳 승려 파스파를 원나라 왕실에서 초청하고 라마교가 뿌리내리도록 했다. 그러나 크게 전파되지 못하다가 북원의 알탄 칸(Altan Khan ; 1507년~1582년)에 의해서 몽골 전체에 뿌리를 내리게 된다.

이후 몽골에서 승려는 특권계급에 속할 정도로 지위를 보장받았으며, 수백 개가 넘는 라마교 사원들이 세워지게 되었다. 샤머니즘을 불법화한 왕실은 불교로 개종한 사람들에게 샤머니즘을 믿는 사람들로부터는 재산을 뺏도록 하였다. 이로 인해 16세기 이후 몽골 도처에 불교 사원들이 건립되었고 라마승이 되는 남성들도 늘어나면서 라마 불교는 몽골 사회, 문화의 중심으로 자리잡았다.

하지만 라마교가 쇠락의 길을 이끈 것은 결혼을 앞둔 신부가 혼전(婚前)에 고령의 라마승과 동침하여 순결을 바쳐야 했던 초야권 관습 때문이었다. 지금의 관점으로 보자면 정말 어이없는 일이지만 당시 몽골에서는 나이가 어리고 성(性)에 대한 경험 없는 초심자에게 신체적 손상을 주지 않고 행위를 할 수 있도록 성에 대하여 실질적인 교육을 하는 풍습이었다.

20세기에 접어들어서 사회주의 혁명을 성공시킨 몽골 혁명 세력은 초이발산의 주도로 불교 조직과 대중을 분리하기 위해 불교를 혁명의 적으로 몰아 혹독한 종교탄압을 시도했다. 혁명 세력은 라마승들이 사람들의 마음을 중독시키고 인민을 잔인하게 착취한다고 선동했고, 결국 1928년 이후 코민테른 대표단의 지휘 아래 라마승을 체포하고 사원경제를 와해시키는 물리적 파괴를 전개했다. 이에 반발한 라마승들이 광범위한 무력 저항을 시도하여 45개의 협동조합, 33개 솜의 행정부가 파괴되었다.

결국 좌파에 맞섰던 당내 우파 지식인, 민족주의자, 귀족, 라마승들이 대거 체포되어 처형당했고, 라마 불교의 조직적 기반은 사실상 완전히 붕괴되었다. 1921년 혁명 당시 747개의 사원에 당시 남성인구의 40%를 차지하는 12만 명의 라마승이 있었고, 몽골 전체 가축의 17%를 점유할 정도로 사원경제의 규모가 컸다.

혁명 과정에서 무려 16,631명의 라마승들이 처형당했고 771개의 사원 중 615개가 재로 변했으며 생존한 라마승들은 강제로 환속 당하거나 투옥되어 사실상 종교적 기반이 붕괴되었다. 그러나 사회주의 이후 몽골의 불교는 빠른 속도로 복원되고 있다. 종교의 자유가 실제적으로 보장된 지 불과 10여년 만에 200개 이상의 사원이 복원되었고, 인구의 대다수가 불교 신앙으로 회귀했다.

카라코롬에 남아 있는 라마 불교 사원

19 몽골의 공휴일

차칸사르

차칸사르(Tsagaan Sar)는 몽골 전통 설 휴일로, 음력으로 매년 1월 1일부터 3일까지 열린다. 차칸사르 관습은 지역에 따라 크게 다르며, 남자다운 미덕을 기념하는 여름 축제인 나담 축제와는 대조적으로 차칸사르는 평화와 조화라는 부드러운 미덕을 기념한다. 특히 흰색 식품 또는 다양한 유제품 및 건포도를 곁들인 쌀을 먹어 백월이라고도 한다. 몽골에서 흰색은 근원, 시초를 나타내며 순수함, 신성함, 고귀함을 상징한다.

전형적인 몽골 가정에서는 가족 중 장남의 집에서 몽골 전통 복장으로 제사를 지낸다. 의식이 끝나면 대가족은 서로에게 축하의 말을 건네며 전통적인 양꼬리, 양고기, 응유(굳힌 우유) 밥, 유제품, 부즈 등을 먹는다. 선물 증정은 차칸사르의 핵심이기 때문에 이날 친구와 가족을 방문하여 선물을 교환한다. 이때 한 해의 행복과 번영을 기원하는 호화로운 잔치를 연다. 2011년에 이 명절은 유네스코의 무형 문화유산 목록에 선정되었다.

차칸사르

칭기즈칸 휴일

칭기즈칸은 몽골제국을 세운 몽골의 가장 중요한 역사적인 인물이다. 매년 11월 26일에는 칭기즈칸의 기념일로 칭기즈칸 휴일이 지정되어 있다. 이날에는 몽골인들이 칭기즈칸의 업적을 기리고, 전통적인 행사와 공연을 통해 몽골의 역사와 문화를 체험할 수 있는 여러 가지 행사를 즐긴다.

몽골 독립 기념일

몽골 독립 기념일은 매년 12월 29일에 거행된다. 이날은 몽골이 1921년에 중국의 지배에서 독립을 선언한 날로 기념된다. 독립 기념일에는 국가적인 행사와 공연, 역사적인 전시 등이 개최되며, 몽골인들은 몽골의 독립과 자주성을 기리고 자부심을 나타낸다.

자나바자르 탄신일

자나바자르(1635년 – 1723년)는 4세 때 몽골에서 최초의 영적 지도자로 선정되었고 조각·회화·시·의료·출판·티베트불교(라마교) 등 다방면에 걸쳐 뛰어난 업적을 남겨 '몽골의 미켈란젤로'라는 평가를 받기도 하였다. 특히 조각에서는 불교철학과 고대 신화를 바탕으로 인간 육체의 아름다움을 통해 영혼의 거룩함을 잘 표현하였다. 자나바자르 탄신일은 몽골에 지대한 영향을 끼친 자나바자르의 탄생을 기념하는 날이다. 그의 생일인 매년 6월 29일에는 전통 예술 공연, 자나바자르의 작품 전시, 문화 행사 등이 진행된다.

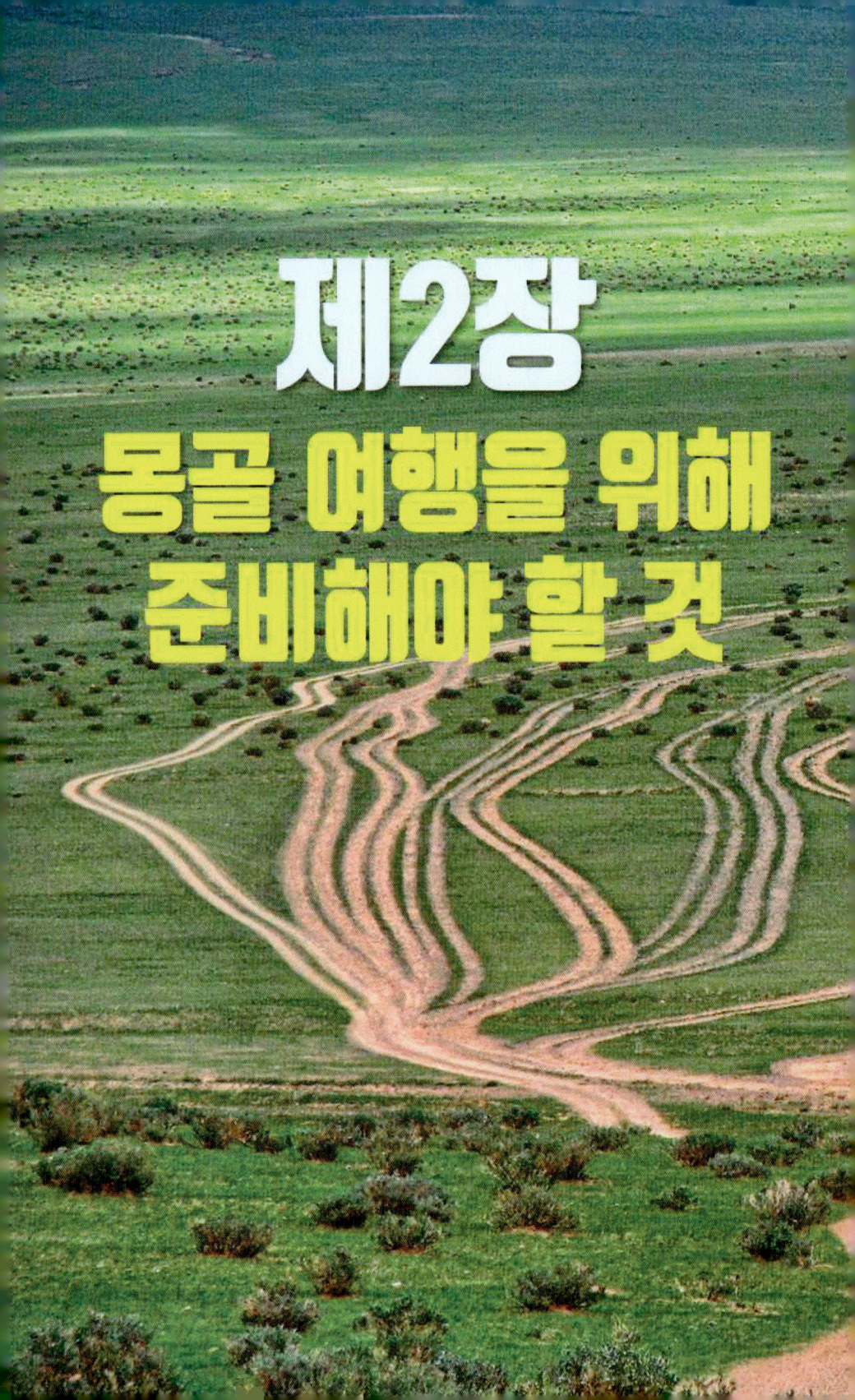

01. 몽골 여행 일정 짜기
02. 몽골 항공권 구매
03. 숙소 예약하기
04. 해외여행자보험 가입하기
05. 비자와 운전면허증
06. 짐 꾸리기

01 몽골 여행 일정 짜기

몽골의 국토 면적은 한국의 18배나 큰 나라다. 따라서 몽골 전역을 여행하기 위해서는 최소 1달 이상을 머무르면서 이동해야 한다. 1달 이상 체류가 어려운 경우에는 먼저 목적지를 정하고 그에 맞는 기간을 산정하는 것이 좋다. 그러나 몽골은 한국인은 교통협정이 이루어지지 않아 해외 운전 면허증으로 렌트카를 운전할 수 없으며, 대중교통을 이용해서 여행하는 것이 매우 어렵기 때문에 여행사의 투어 프로그램을 미리 예약하고 가는 것이 편리하다.

기간에 따른 여행지는 몽골에서 잘 알려진 관광지만을 선정하였지만, 취향에 따라 몽골의 다른 지역을 선정해도 된다. 비용은 숙박의 형태나 식사를 어떻게 하느냐에 따라 달라지며, 여행할 때 차량을 렌트해서 여행하거나 패키지 투어를 신청해서 여행하는 방법에 따라 천차만별이기 때문에 일반적인 것을 기준으로 비용을 산정하였다.

<표-3> 몽골 여행 일정

기간	여행지	비용
3박 4일	울란바타르(2박)/ 테렐지국립공원(1박)	80~90만원
4박 5일	울란바타르(2박)/ 테렐지국립공원(2박)	90~100만원
5박 6일	울란바타르(2박)/ 테렐지국립공원(2박)/ 미니 고비 사막(1박)	100~120만원
6박 7일	울란바타르(2박)/ 고비 사막(4박), 울란바타르(2박)/ 홉스굴(4박)	120~150만원
7박 8일	울란바타르(2박)/ 고비 사막(4박) / 테렐지국립공원(2박)	150~180만원
9박 10일	울란바타르(1박)/ 고비 사막(4박) / 홉스굴(4박) / 테렐지국립공원(2박)	200~250만원
14박 15일	울란바타르(3박)/ 고비 사막(4박) / 홉스굴(5박) / 테렐지국립공원(2박)	300~400만원

02 몽골 항공권 구매

몽골에 입국하기 위한 교통수단으로는 비행기가 유일하다. 인천공항에서 몽골까지는 대한항공, 아시아나항공(화, 목, 토 운행), 미아트(MIAT) 몽골항공(매일 운행), 제주 항공(수, 목, 토, 일요일 운행) 등이 있으며, 김해국제공항에서는 에어부산(화, 금 운행), 미아트(MIAT) 몽골항공(목, 일 운행) 등이 있다.

항공권 예매는 스카이 스캐너를 통해서 예약하는 것이 좋다. 성수기인 7월 중순부터 8월 중순까지 인천국제공항에서 몽골 울란바타르까지의 왕복 항공권의 가격은 일반적으로 90만원 초반~120만원까지 다양하며, 성수기를 제외하고는 저가 항공이나 미아트 몽골항공권 가격은 왕복 46만원 정도하며, 대한항공과 아시아나 항공권 가격은 50만원~60만원 정도 한다.

칭기즈칸 국제공항

우리나라에서 몽골에 갈 때는 인천공항과 김해공항에서 각각 출발하는 항공편이 아래와 같이 운항한다.

- **인천공항** : 대한항공, 아시아나항공(화, 목, 토 운행), 미아트(MIAT) 몽골항공(매일 운행), 제주 항공(수, 목, 토, 일요일 운행)
- **김해국제공항** : 에어부산(화, 금 운행), 미아트(MIAT) 몽골항공(목, 일 운행)

몽골을 대표하는 항공사는 미아트(MIAT) 몽골항공으로 몽골이 1990년대에 민주화된 후 1992년 7월 9일 대한항공에서 기증한 보잉 727-200기 2대와 장기 임대 1대를 인수하고 중국산 Harbin Y-12기 5기를 주문하며 성장하였다. 이는 1991년 오치르바트 당시 몽골 대통령의 방한 때 경제항공교류 촉진 방안에 대한 지원책의 하나로 대한항공에서 무상으로 기증해 주기로 합의한 것을 따른 것이다.

몽골의 항공사답게 소속 항공기에는 역대 대칸을 따라 명명하고 있다. 가장 큰 B767-300ER(JU-1021)에 칭기즈칸의 이름이 붙어 있으며, 그 외에도 B737에 구육칸(JU-1015), 쿠빌라이칸(EI-CXV), 주치칸(JU-1088)이 붙어 있다. B737 MAX8에는 툴우이칸(EI-MNG)이 붙어 있다.

국내선 항공 예매하기

몽골은 국토가 워낙 넓기 때문에 버스나 차로 이동하기 어렵다. 따라서 국내선 항공편을 이용하여 더 빠르게 여행지에 갈 수 있다. 현재 몽골에는 46개의 공항이 운영되고 있으며, 이 중 15개 공항만이 포장된 활주로를 가지고 있다. 활주로의 길이는 2,500미터에서 3,000미터까지 다양하다.

모든 국내선 항공도 칭기즈칸 공항에서 운항하며 국내선 항공편이 운항하는 공항은 알타이 공항, 허브드공항, 울기 공항, 울란곰공항, 므릉공항(홉스굴호수 근접 공항), 달란자드가드공항, 이르쿠츠크 국제공항, 울란우데바이칼 국제공항 등 8곳이다.

몽골의 모든 국내선은 스카이 스캐너에서 예약이 가능하다. 특이하게 몽골 국내선은 외국인 요금과 몽골인 요금이 다른데, 한국인의 경우 한국 돈으로 20

만원 수준이다. 몽골 현지에서 출발시간에 근접해서 예약하면 매진되어 비행기 표를 구매할 수 없거나 가격이 배로 오르게 되므로 여행 일정을 미리 계획해서 예매하는 것이 좋다.

국내선 공항 노선도

국내선 항공을 운항하는 항공사는 훈누에어(Hunu Air)와 에어로 몽골리아(Aero Mongolia) 등 2개가 있다. 이들 항공사가 사용하는 국내선 항공기 기종은 모두 포커 50, 사브 340, 봉바르디에 Q400 등의 프로펠러기가 주력이고 요즘 들어 제트 비행기가 취항하고 있다.

경비행기라 기체가 엄청 작아서 30~40명밖에 못 타고 국내선 항공의 수화물 무료 기준은 10kg이하이며, 초과 시에는 1kg당 요금을 추가로 지불해야 한다. 무엇보다 비행기가 작기 때문에 운항 중에 바람에 크게 흔들리는 경우가 많아 주의해야 한다.

03 숙소 예약하기

항공권을 구매하면 다음으로는 숙소를 예약한다. 몽골의 숙소는 크게 호텔, 리조트, 게스트하우스, 몽골의 전통 천막 게르, 아파트가 있다. 몽골의 울란바타르 숙소 중 예약 어플로 예액할 수 있는 호텔은 약 30여개가 있으며, 게스트하우스는 10개, 아파트도 10개 가량이 있다. 게르는 울란바타르에도 있지만, 대부분 트레킹을 떠나면 몽골 전역에서 가장 많이 만날 수 있는 숙박시설이다.

숙소는 예약할 때 편리하게 사용할 수 있는 어플은 아고다, 호텔스닷컴, 부킹닷컴, 익스피디아 등이 있다. 이 중에서 아고다는 항공권과 연계해서 예약할 수도 있으며, 가장 많은 숙소를 검색할 수 있다.

아고다를 이용하여 숙소를 예약하는 방법은 먼저 아고다에서 여행지를 선택하고 숙박이 시작되는 날과 퇴실하는 날을 선택하고 여행 인원을 선정하고 검색하면 예약이 가능한 상품들이 나오며, 그중에서 자신의 여행에 대한 만족감을 높일 수 있는 곳을 선택하면 된다.

몽골에서 가장 좋은 상그릴라 호텔

몽골 울란바타르에서 가장 좋은 호텔은 5성급 상그릴라호텔로 1박 요금은 60만원대다. 상그릴라 호텔에는 명품 쇼핑몰도 있고 5성급인 만큼 상대적으로 만족도가 높은 호텔이다. 테렐지에서 가장 좋은 호텔은 5성급 테렐지호텔로 1박 요금은 40만원대다. 울란바타르의 4성급 호텔은 60,000원~150,000원대로 다양하다. 게스트하우스의 1박 요금은 15,000~30,000원대이며, 게르 1박 요금은 숙소의 컨디션에 따라 50,000~100,000원대로 다양하다. 몽골 여행지에서 숙소의 가격 차이는 다음과 같은 이유로 발생한다.

등급

몽골의 숙소의 가격 차이는 여러 가지 조건에 따라 다르나 통상 등급에 의하여 차이가 난다. 그리고 숙소의 규모, 부대시설, 실내 면적, 서비스의 질 등도 등급에 영향을 미치며 당연히 판매가격에 반영된다. 몽골 울란바타르에는 호텔이 많지 않기 때문에 시설이 좋지 않음에도 가격은 비싼 편이다. 특히 성수기나 나담 축제 때는 거의 매진되어 미리 예약을 하지 않으면 숙박이 어렵다. 따라서 성수기나 나담 축제 때 몽골에 방문하려면 반드시 자신의 경제적인 상황을 고려하여 숙박을 미리 예약해야 한다.

위치

자유여행을 원한다면 여행의 일정에 맞는 적합한 위치의 숙소를 선택해야 교통비를 줄이고 시간을 효율적으로 사용할 수 있다. 주로 수하바타르광장 근처에 숙소를 정하면 울란바타르 시내 관광이 쉬우며, 다른 지역으로의 이동도 쉽고, 특히 한식당이 많아서 좋다.

조식

몽골 호텔의 조식은 대부분 아메리칸 블랙퍼스트를 제공한다. 조식을 제공하지 않는 호텔은 아침부터 외부로 나가 식사를 해야 하기 때문에 불편하지만, 가격은 저렴하다.

04 해외여행자보험 가입하기

여행을 가서 즐거운 일만 생기면 좋지만, 때에 따라서는 여행 중 각종 사고가 생겨서 여행을 망치게 될 뿐만 아니라 복잡한 문제가 생기게 된다. 특히 몽골은 도로 사정이 좋지 않고, 여행지에서 트렉킹이나 말타기를 하게 됨에 따라 사고가 발생할 확률이 높다. 따라서 여행을 떠나기 전에는 반드시 해외여행자보험에 가입하는 것이 좋다. 패키지 상품의 경우에는 대부분이 포함되어 있으나, 자유여행에서는 직접 가입해야 한다.

여행보험은 현대해상 다이렉트보험, 롯데손해보험, 삼성화재보험 등에서 취급하고 있다. 홈페이지에서 여행 일정과 장소, 여행가는 사람의 생년월일을 입력하면 보험료가 나오고 결재하면 여행 시작부터 끝날 때까지 보험 혜택을 받게 된다.

현재 해외여행자보험은 최고 보상한도 2억까지 있으며, 같은 최고 액수라도 보상내용에 따라 가입 금액이 다르다. 보험으로 보상받을 수 있는 것은 해외여행 중 조난을 당해 사망 또는 부상을 당했을 때나, 탑승 항공기 또는 선박의 조난으로 행방불명이 되었을 때 보상해 준다. 또 휴대품의 도난이나 파손 등의 경우나 가입자가 다른 사람에게 법률상 배상책임을 지게 되었을 때 그 손해 등에 대해서도 보상해 준다.

사망이나 부상은 보상을 받는 것이 기본이지만 핸드폰, 가방, 여권 등 분실물에 대해서도 보상을 받는 상품인지를 꼼꼼히 확인해야 한다.

05 비자와 운전면허증

　2022년 6월 1일부터 한국인들이 90일 이내 몽골 체류를 희망할 경우 비자 신청 없이 방문할 수 있게 됨에 따라 비자 없이 몽골 여행이 가능하다.
　몽골은 교통안전법 제17조 제4항에 의거 '도로교통에 관한 비엔나 협약 가입국이 아닌 국가에서 발급된 국내 및 국제운전면허증 소지자에 대해 몽골에서의 운전을 금지'(2015년 9월~현재까지)하고 있다. 우리나라는 도로교통에 관한 제네바 협약 가입국(102개국 가입)이지만, 도로교통에 관한 비엔나 협약 가입국(84개국 가입)은 아니기 때문에 한국 면허로는 불가능하다. 따라서 한국에서 국제운전면허증을 만들어도 몽골에서는 사용할 수가 없다.

　몽골에서 장기 여행할 경우는 운전면허를 별도로 취득하는 것이 좋다. 한국 운전면허증 보유자는 몽골에서 필기시험 합격 시 한국 운전면허증에 기재된 적성검사 기간 전까지 유효한 몽골 운전면허증을 발급받을 수 있다. 필기시험은 몽골어와 영어로 가능하며 한국어로는 불가능하다.
　필기시험 합격 시 보유한 한국 면허와 가장 유사한 종류의 몽골 운전면허증으로 발급되나, 양국의 면허체계 차이로 인해 운전이 가능한 차량 종류와 인원에 차이가 있을 수 있다. 따라서, 발급받은 몽골 운전면허증에 표기된 종류와 운전 가능 차량, 탑승 인원을 확인해야 하며, 면허증 갱신 시 당시 기준에 따라 발급되는 면허 종류가 변경될 수도 있으니 주의해야 한다.

06 짐 꾸리기

외국을 여행할 때는 그 나라의 기후 조건이나 여러 상황들을 고려하여 짐을 꾸려야 한다. 짐은 떠나기 전날 꾸려 아침에 최종적으로 확인해 보는 것은 즐거운 여행이 되기 위한 기본이 된다. 특히 몽골의 날씨는 변덕이 심해서 출발하기 전에 날씨나 온도를 고려해서 다음과 같이 짐을 싸야 한다.

<표-4> 여행을 떠나기 전에 체크해야 할 짐

품 목	설 명	확인
가방	패키지 여행자는 하드케이스 가방이 좋으며, 자유 여행자는 배낭이 좋다. 귀중품을 넣는 조그만 휴대용 가방이 있으면 편리하다.	
여권	가장 중요한 것으로 출발하기 전 반드시 챙겨야 함	
항공권	자유여행인 경우에는 미리 출력해야 가야 하며, 패키지여행 시에는 공항에서 받는다.	
신용카드	비상시를 대비하여 VISA, Master카드를 준비.	
현금	환전을 위하여 달러나 원화를 준비한다.	
증명사진	여권을 분실하게 되면 재발급을 위해 필요하므로 준비해가는 것이 좋다.	
신발	운동화가 좋으며, 호텔에서 사용할 샌들을 가져간다.	
의류	현지 기후와 부피를 고려하여 최대한 줄여서 가져가도록 한다. 밤에 추위에 약하면 점퍼를 하나 준비한다.	
의약품	간단한 두통약, 감기약, 소화제 등을 준비한다.	
속옷	여행 일정에 맞게 적당하게 준비한다.	
스마트폰	가장 중요하므로 꼭 가져간다.	
필기구류	노트나 펜을 여유있게 준비한다.	
서적	여행안내서가 있으면 편리한 여행이 된다.	

제3장
몽골에 도착해서 할 일

01. 칭기즈칸공항 도착
02. 시내로 이동하기
03. 시내에서 택시 타는 방법
04. 시내버스 타는 방법
05. 시외버스 타는 방법
06. 기차 타는 방법
07. 렌트카 사용 방법
08. 몽골에서 현지 음식 먹기

01 칭기즈칸공항 도착

입국하기

몽골에 비행기를 타고 가면 칭기즈칸 국제공항에 도착하게 된다. 약 3시간 40분의 비행 끝에 울란바타르 칭기즈칸공항에 도착한다. 공항 자체가 크지 않아 사람이 많지 않고 입국심사대도 한산하고 어렵지 않게 통과할 수 있었다. 공항 직원들은 대부분 무뚝뚝하지만, 괜한 질문으로 관광객을 당황하게 하지 않기 때문에 빠르게 입국 수속을 받을 수 있다. 입국 수속을 마치면 바로 짐을 찾을 수 있다.

울란바타르 칭기즈칸 공항은 2층으로 되어 있는 작은 공항으로 1층은 입국동이고 2층은 출국동이므로 몽골 도착 시 1층으로 나오게 된다. 1층에는 커피숍과 슈퍼마켓, 서비스센터, ATM 등이 있다.

1층 입국동 2층 출국동

유심 구매

몽골은 자유여행이 쉽지 않은 나라이기 때문에 여행을 편하고 쉽게 하기 위해서는 반드시 로밍하는 것이 좋다. 로밍은 국내에서 자신이 가입한 통신사에서 하는 것이 좋으나 몽골에서 택시 어플을 사용하려면 몽골 유심을 구매하는 것이 좋다. 몽골 유심은 칭기즈칸공항 2층에서 모비콤을 판매하고 있다. 하지만 운영시간이 짧아 낮 도착이 아닌 이상 유심을 사기가 쉽지 않으므로, 한국에서 미리 구매해 두거나 울란바타르 시내까지 나간 뒤, 국영백화점에서 구매하는 것도 하나의 방법이다.

환전

2023년 8월 1일 현재 공식 환율은 1달러는 3,496.05₮(투그릭)/$이며, 원화로는 0.38원/₮이다. 따라서 10,000투그릭은 원화로 3,800원이며, 20,000투그릭은 7,600인 셈이다. 2010년까지만 해도 투그릭의 환율은 대략 0.9원/₮이라 거의 1대 1의 비율로 환전했지만, 몽골의 인플레가 심해서 점차 환율이 떨어지고 있다.

칭기즈칸공항의 환전소는 2층 출국장 중앙에 있는 은행 중에서 환율을 보고 환전을 하면 된다. 은행 영업시간은 월 ~ 금요일까지는 8:30 ~ 17:30까지이며, 토요일과 일요일에는 휴무로 영업을 하지 않는다. 만약 환전을 못했을 때는 1층이나 2층에 있는 ATM(24시간 운영)를 이용하거나 몽골 시내로 들어간 뒤, 울란바타르 국영백화점에서 환전하면 된다. 한국에서 픽업서비스로 숙소 이동 시에는 굳이 공항에서 환전하지 않아도 되며, 울란바타르 시내에서 하면 된다.

참고 사항

몽골 돈으로 환전하려면 한국에서는 환전이 불가능하다. 따라서 달러나 원화를 가지고 몽골에 가서 환전해야 한다. 공항에서 시내까지 이동은 택시, 리무진, 버스를 사용해야 하는데 택시나 리무진은 달러를 사용할 수 있으나 버스를 타려면 환전해야 한다. 공항환전소에서 5만원 정도 환산하고 나머지는 울란바타르에 있는 국영 백화점에서 환전하는 것이 가장 높은 환율로 환전할 수 있다. 원화나 달러나 큰 차이가 없으므로 원화로 해도 된다. 몽골 돈을 사용할 때는 몽골 화폐의 단위가 크고, 한국 환율이 0.4배이므로 돈을 지불할 때는 한국 돈으로 환산해보고 화폐를 정확히 계산해야 손해를 보지 않는다.

02 시내로 이동하기

칭기즈칸 국제공항은 울란바타르 도심에서 50km 거리에 있으며 승용차로는 약 60분 걸리는 상당히 먼 곳에 떨어진 곳에 있다. 칭기즈칸공항 에서 시내까지 이동하는 방법은 크게 4가지가 있다.

픽업서비스로 가는 방법

미리 한국에서 픽업서비스를 신청하는 것이 가장 좋다. 픽업서비스 비용은 차량 1대당 50,000~60,000원에 예약할 수 있으며, 1명이 다른 여행자와 합승해서 갈 때 1인당 30,000원 정도에 예약할 수 있다. 픽업서비스를 받으면 택시 기사가 종이에 사용자의 이름을 적어서 입국장에서 기다리고 있어서 바로 시내로 이동할 수 있어서 편리하다.

리무진으로 가는 방법

픽업서비스를 신청하지 않았을 경우 1~ 2명이 여행할 때 가장 합리적인 방법은 리무진을 타는 방법이다. 리무진은 비행기 도착 시간에 맞도록 07:10, 08:10, 12:20, 13:20, 17:50, 18:50, 23:00, 24:00 등 8대가 운행(2023년 8월 기준)한다. 리무진을 타는 방법은 입국장에서 바로 나오자마자 정면에 있는 교통서비스센터(TRANSPORTATION SERVICE)에 가서 100,000투그릭(한화 4,000)원을 내면 리무진 탑승 장소로 안내해 준다. 단점은 숙소 가까운 곳에 내려서 걷거나 택시를 타야 한다.

TRANSPORTATION SERVICE

택시로 가는 방법

픽업서비스를 신청하지 않았을 경우, 3~4명이 여행을 한다면 시내의 숙소까지 편하게 이동할 수 있는 가장 좋은 방법은 택시를 이용해야 한다. 택시를 타기 위해서는 2가지 방법이 있다. 입국장을 나오면 택시 기사들이 여행객에게 다가와 호객 행위를 하면서 시내까지 가는 택시 요금을 흥정한다.

택시 기사들과 흥정을 해야 하는 번거로움이 있지만 버스가 끊겼을 시간에 공항에 도착했을 경우에는 선택의 여지가 없다. 택시 기사들은 30$ or 10만 투그릭(한화 40,000원)을 요구하지만, 잘 흥정하면 20$나 8만 투그릭(32,000원)으로 시내로 이동할 수 있다.

택시 기사들이 너무 높은 가격을 부르거나, 택시 기사들과 흥정하는 것이 귀찮으면 입국장에서 바로 나오자마자 정면에 있는 교통서비스센터(TRANSPORTATION SERVICE)에 가서 120,000투그릭(한화 52,000)원을 내면 택시를 배정해 준다. 짐이 많은 경우에는 일반 택시에는 들어가지 않으므로 RV차량으로 예약하는 것이 좋다.

버스로 가는 방법

칭기즈칸 국제공항에서 시내까지 가장 저렴하게 갈 수 있는 방법이다. 공항에서 시내가는 버스는 11번이나 22번 버스가 운행하고 있으며, 운영 시간은 6:30 ~ 21:30까지 운영되며, 배차 간격은 5~ 20분이다. 버스 요금은 500투그릭(한화 200원)으로 매우 저렴하지만, 버스 타는 곳이 공항에서 1km 정도로 멀리 떨어져 있어 공항을 나와 꽤 걸어 나가야 하며 시내까지 소요 시간이 오래 걸리기 때문에 무거운 짐을 가지고 이동해야 하는 경우는 비추천한다.

칭기즈칸 국제공항 입구

칭기즈칸 국제공항 택시 타는 주차장

03 시내에서 택시 타는 방법

몽골에는 공항이나 거리에서 택시(taxi) 표시를 한 택시들이 있지만 찾아보기가 쉽지 않다. 그래서 일반 승용차로 택시 영업을 하는 택시를 사용해야 한다. 택시 영업을 하는 승용차는 특별한 표시가 없으며, 특별히 타는 곳 역시 지정되어 있지 않고 아무 곳에서나 손을 들면 탈 수 있다. 몽골 국민들도 택시를 타기 위하여 도로에서 손을 들고 택시를 기다리고 있는 것을 자주 볼 수 있다.

택시는 일반적으로 프리우스(PRIUS) 차량이 대부분이고, 때때로 한국의 마티즈 등의 한국차도 있다. 승용차로 된 택시는 차종이 다양하며, 택시에 타고 목적지를 말하거나, 구글 앱의 지도로 목적지를 보여주면 기사는 택시 메타 어플을 사용하여 이동한 만큼 요금을 계산한다. 몽골의 택시는 시간 거리 병산제를 채택하지 않고 있기 때문에 교통 체증에 막혀도 요금은 오르지 않는다. 그리고 기본료가 없이 거리에 비례해서 요금을 지불한다.

몽골 택시

UB Cap

택시 요금은 2023년 기준 km당 2,000투그릭(800원)으로 계산하면 되며, 요금은 현금만 가능하다. 현금으로 택시 요금을 지불할 때 일반적으로 잔돈은 1,000투그릭 이하는 반환해 주지 않거나, 10,000투그릭이나 20,000투그릭 지폐의 경우 잔돈이 없다고 할 수 있기 때문에 1,000투그릭 지폐를 충분히 환전해서 가지고 타는 것이 좋다.

최근 몽골에서도 스마트폰 보급률이 증가함에 따라 몽골판 우버와 그랩과 같은 UB Cap이라는 택시 어플 사용량이 늘어나고 있다. 그러나 UB Cap 택시 어플을 사용하려면 몽골 전화번호가 있어야 하기에 유심을 구매해야만, 사용이 가능하다. 택시 어플을 사용하면 자신이 있는 위치로 차를 쉽게 부를 수 있으며, 요금을 기사와 흥정하거나 목적지를 말하지 않아서 편리하게 사용할 수 있다.

참고 사항

몽골 시내에서 택시를 이용하는 사람이 많은 출퇴근 시간에는 택시 잡기가 힘들다. 이 시간대는 피하는 것이 좋고 택시를 잡기가 힘들다. 따라서 택시를 이용할 때는 되도록 출퇴근 시간을 피해서 택시를 잡는 것이 효과적이다. 그리고 택시를 잡기 어려울 때는 호텔 카운터에서 택시를 잡아 달라고 하면 UB Cap을 이용하여 택시를 잡아준다. 몽골 시내를 다닐 경우 교통 체증이 매우 심할 때는 걷는 것이 훨씬 빠른 경우가 많기 때문에 짧은 거리를 이동할 때는 택시를 타지 말고 걷는 것이 좋다.

몽골에서는 버스를 타고 이동하는 것은 매우 불편하다. 따라서 버스로 이동하기 어려운 경우에는 택시를 이용하는 것이 좋다. 특히 택시로 먼거리를 이동하거나 울란바타르 외곽으로 가기 위해서는 먼저 택시를 잡아서 흥정해서 기사가 승낙하게 되면 장거리도 갈 수 있다.

04 시내버스 타는 방법

몽골의 수도 울란바타르에도 대중교통으로 버스가 운영되고 있다. 버스 종류는 Ц-간선(일반노선), XO-지선(외곽노선), T-트롤리버스 등 3가지다.

T-트롤리 버스

Ц-간선 버스

XO-지선(외곽노선) 버스

- **T-트롤리버스** : 다른 나라의 트램과 비슷한 전기선 버스로 수흐바타르 광장 앞 메인 도로 위주로 3개 노선이 운행 중이고, 버스비는 성인 300투그릭이다.

- **ㄴ-간선(일반노선) 버스** : 울란바타르 시내를 운행하며, 대부분 우리나라의 중고 버스를 가지고 운행을 하기 때문에 사용하기가 편리하다. 버스비는 성인은 500투그릭이다.
- **XO-지선(외곽노선) 버스** : 울란바타르 시내에서 외곽까지 운행하는 버스로, 간선 버스와 비슷하다. 버스비는 성인 1,000투그릭이다.

  울란바타르의 시내버스는 현금은 사용할 수 없으며, 2015년부터 우리나라의 T-money 버스 카드 시스템을 도입하여 오직 스마트 카드(U-money)를 구매해서 사용해야 한다. U-money 카드비 3,600투그릭이며, 최소 충전 금액은 500투그릭이고, 최대 충전 금액은 90,000투그릭이다.

  버스 카드는 버스 정류장 옆에 작은 상점에서 구매하거나 충전할 수 있고, 사용 방법은 우리나라와 동일하다. 탑승할 때 찍고 내릴 때 찍어야 하며, 2명 이상일 경우 몇 명인지 손가락을 펴서 말하고, 횟수만큼 버스 카드를 갖다 대면 된다. 30분 이내에 내려서 다른 버스로 환승하면 무료로 환승이 가능하다.

  2016년부터는 우리나라와 같이 스마트폰, 스마트 워치, 신용카드로 대중교통 결제가 가능해지게 되었다. 그러나 스마트폰으로 결제하려면, 우리나라처럼 신용카드와 같이 사용자 계정에 연결되어야 한다. 스마트폰으로 결제하려면 우리나라와 같이 충전이 필요하지 않은 무제한 승차가 가능하다. 우리나라에서 발행된 신용카드는 비자와 마스터 등 해외에서 사용이 가능한 카드에 한해서 가능하다.

05 시외버스 타는 방법

몽골 도로의 총길이는 약 50,000km에 불과하고 포장된 도로는 3,000km 정도되며, 나머지는 비포장도로다. 포장된 도로는 보통 버스가 다니는 주요 도시 주변에서만 볼 수 있다. 일반적으로 도시 간 도로는 상당히 잘 발달되어 있는 편이다.

몽골의 수도 울란바타르의 시외버스 터미널 2곳에서 각 도(아이막)에 갈 수 있는 버스가 운행한다. 울란바타르에는 서쪽으로 운행하는 드래곤 터미널(Dragon center)과 동쪽으로 운행하는 바양주르흐 터미널(БаянзУрх авто вокзал)이 있다.

몽골에는 여러 버스 회사가 운영되며, 주요 버스 회사로는 Ulaanbaatar City Bus, Goyo Travel, Eznis Airways, Trans Express 등이 있다. 각 회사마다 노선과 운영 방식이 다를 수 있다.

버스표 구매는 현장에서 해야 하며 몽골어로만 되어 있으니 한국말이 가능한 현지인이나 가이드에게 도움을 받는 것이 좋다. 버스표를 구매할 때는 신분증이 꼭 필요하기에 여권을 꼭 챙겨가야 한다.

드래곤 시회버스 터미널(Dragon center)

06 기차 타는 방법

몽골에서 주요 철도는 사실상 중국 베이징역에서 출발해 몽골 울란바타르역을 거쳐 시베리아 횡단 철도 등을 통해 러시아 철도로 이어지는 몽골종단철도 단 하나다. 철도를 소련이 깔아주었기 때문에 1,520mm 러시아 광궤를 사용하고 있다.

몽골 종단철도에서 뻗어나가는 약간의 지선이 몇 있으며, 동부 처이발상시에도 러시아 국경에서 넘어오는 약간의 철도가 있으나 몽골종단철도와는 전혀 연결되지 않기에 철도를 이용해서 몽골 동부내륙을 여행하는 것은 불가능하다.

몽골 종단철도 인근에 있는 다르한, 사인샨드, 수흐바타르, 자민우드나, 몽골 제2의 도시 에르데네트같은 도시들은 철도가 매일 정해진 시간에 한두 편씩은 다녀서 제한적으로 철도여행이 가능하긴 하다. 몽골 종단철도만으로도 몽골 전체 여객 운송의 47%, 화물운송의 93%를 차지한다. 내륙국이다 보니 수출도 거의 화물철도를 통해 이루어진다. 몽골 철도는 운임도 저렴한 편이고, 무엇보다 포장상태가 빈약한 도로를 달리는 자동차보다는 그래도 편하다. 몽골에서 기차를 타기 위해서는 울란바타르역으로 가면 된다.

철도 노선

- **시베리아 횡단 철도(Trans-Siberian Railway)** : 울란바타르에서 출발하여 러시아의 모스크바, 블라디보스토크 등으로 향하는 국제 기차 노선이다. 시베리아 횡단 철도는 세계에서 가장 긴 철도 노선 중 하나로 알려져 있다.
- **몽골-중국 국제 노선(Mongolia-China International Routes)** : 몽골과 중국 간의 국제 기차 노선으로, 울란바타르와 중국의 베이징, 홍콩 등을 연결한다.

중국의 주요 도시와 몽골을 여행하고자 할 때 이 노선을 이용할 수 있다.
- 몽골 내부 노선(Mongolian Domestic Routes) : 몽골 내에서 여러 도시와 지역을 연결하는 국내 기차 노선이다. 예를 들어, 울란바타르를 중심으로 에르덴에, 다크한, 순후요토 등의 도시와 연결되는 노선이 있다.

몽골의 주요역

- 울란바타르역(Ulaanbaatar Railway Station)
- 에르덴에역(Erdenet Railway Station),
- 다크한역(Darkhan Railway Station),
- 순후요토역(Sükhbaatar Railway Station),
- 훙고르모기역(Khonkhor-Morin Railway Station),
- 자미얀역(Zamiin-Uud Railway Station),
- 차조이누우르역(Choir Railway Station),
- 바야가란역(Bayan-Gol Railway Station),
- 바르도옌시렌역(Bardoyan Railway Station),
- 코른트기린역(Khuurintgir Railway Station)

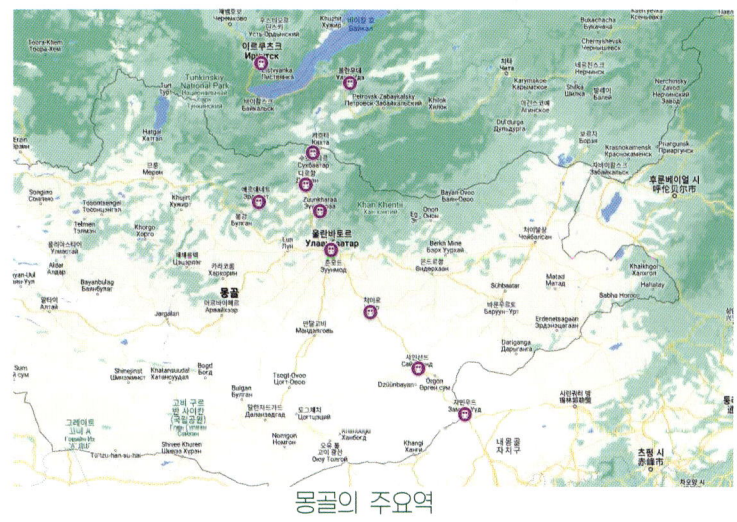

몽골의 주요역

좌석

시베리아 횡단 열차의 기차 좌석에는 3등석, 2등석, 1등석 등 3가지 종류가 있다.

- 3등석 : 가장 저렴하지만, 좌석을 혼자서 차지할 수가 없어서 가까운 곳을 갈 때 사용하면 좋다.
- 2등석 : 3등석보다 비싸긴 해도 좌석을 혼자 쓸 수 있어서 침대처럼 사용할 수 있으며, 많이 이용한다.
- 1등석 : 가장 비싸지만, 서비스도 많고 기차 한 칸을 네 명에서 개인실처럼 쓸 수 있다는 장점이 있다. 4명이 한 팀이 되어 탑승할 경우 1등석이 좋다.

예매 방법

기차표를 예매하는 방법은 러시아 열차(https://www.russiantrain.com)에서 예매할 수 있다. 러시아 열차는 러시아는 물론이고 중앙아시아, 몽골의 기차표를 판매하는 곳이다. 따라서 러시아 열차에서는 시베리아 횡단 열차뿐만 아니라 몽골의 대부분의 역을 가는 기차표를 예매할 수 있다. 기차표는 직접 구매하려면 울란바타르 기차역에서 직접 구매해야 한다.

울란바타르 기차역

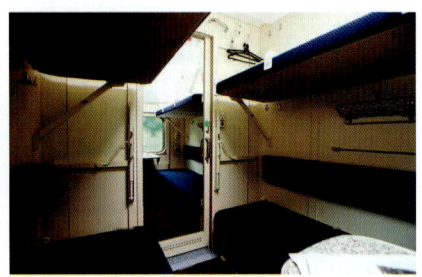

1등석

07 렌트카 사용 방법

몽골에서는 넓은 지역을 이동하기 위하여 차량이 필요하다. 먼 거리를 자유롭게 여행하기 위해서는 반드시 렌트카를 이용해야 한다. 몽골은 도로교통에 관한 비엔나 협약 가입국(84개국 가입)이기 때문에 한국 면허증이나 한국에서 발급된 국제운전면허증으로는 운전이 불가능하다. 따라서 몽골에서 렌트카를 빌리려면 반드시 운전기사가 포함된 렌트카를 사용해야 한다.

몽골에는 Khan Rental Car(칸 렌탈카), Thrifty Car Rental(스리프티렌터카), lueSky Car Rental(블루 스카이 렌탈카), Mongolia Car Rental(몽골 카렌탈)등의 렌트카업체가 있다. 시내나 공항에서 렌트카 서비스를 제공하는 업체를 찾을 수 있다. 인터넷 검색이나 여행사를 통해 여러 업체를 비교하여 선택할 수 있다.

레저용 자동차

몽골에서 가장 많은 프리우스

렌트카 업체를 이용하지 않고 여행사나 택시를 통해서도 개인적으로 렌트가 가능하다. 여행사나 택시를 이용해서 차량을 렌트할 때는 1일 8시간 대절 시 차량 대절비, 유류비, 입장료, 기사 식비를 포함해서 거리에 비례하여 300,000~ 400,000투그릭(한화 120,000~160,000원)에 예약할 수 있다. 고비사막이나 홉스굴같이 당일 여행이 어려운 곳을 가기 위해서 렌트하는 것은 하루에 차량대여비+기사비+유류비+식비 합쳐서 한화로 20만원 정도 한다. 따라서 4일을 여행한다면 80만원 정도가 든다.

몽골에서 가장 흔하게 볼 수 있는 차는 프리우스인데 이 차량은 울란바타르 시내나 가까운 공항이나 칭기즈칸공항을 가는 데는 무리가 없지만 비포장도로가 있는 울란바타르 외곽으로 가는 것은 어렵다. 따라서 비포장 도로가 있는 지역을 가기 위해서는 소련 시절부터 만든 승합차인 푸르공이나 사륜구동이 가능한 레저용 자동차를 렌트하는 것이 좋다.

푸르공

진흙에 빠진 자동차

08 몽골에서 현지 음식 먹기

몽골을 가보지 않은 사람들은 몽골인들이 주로 양고기를 먹기 때문에 음식이 안 맞을 것이라는 선입견을 가지고 있는 경우가 많다. 만약 몽골 현지 음식이 맞지 않으면 몽골의 수도 울란바타르에는 한국 식당이 아주 많기 때문에 걱정할 필요는 없을 것이다. 시내 어디서든 한식당을 쉽게 찾을 수 있다.

만약 한식당을 찾을 수 없다면 울란바타르에 한국의 CU편의점이 100여개, GS24가 60개 정도 운영되고 있다. 이 편의점들은 한국과 같아서 김밥류와 빵을 비롯하여 간편식이 다양하게 진열되어 있기 때문에 간단한 식사를 대신할 수 있다. 또한 맥도날드, 버거킹, KFC 등도 많으니 여기서 식사를 해결할 수도 있다.

그러나 울란바타르를 떠나서 먼 곳으로 여행을 갈 경우 어쩔 수 없이 현지식을 먹을 수밖에는 없다. 물론 한두 끼는 울란바타르에서 한식 도시락이나 컵라면으로 해결할 수 있지만 나머지는 현지식으로 해결해야 한다.

몽골식 샤브샤브

몽골은 아시아 대륙 중심부에 위치한 국가로, 유목민의 역사와 문화를 가지고 있어, 유목민의 삶과 생활 방식이 음식에도 반영되었다. 몽골인들은 고대부터 유목 생활을 했기 때문에 주로 축산을 숭배했고 동물의 젖과 고기를 음식과 음료로 다양하게 이용했다. 그래서 전통적인 몽골 요리는 대개 육류와 유제품 중심의 고단백 음식이 많다. 이로 인해 몽골의 음식은 다양한 고기 요리와 유목 생활을 위하여 건조식품이 발달하였으며, 고기의 비린내를 없애고 오래 보존하기 위하여 양념과 향신료를 다량 사용한 것이 몽골 음식의 특징이다.

몽골 음식은 주로 소고기, 양고기, 말고기 등의 육류를 잘게 썰어서 고기 꼬치나 볶음 요리로 만들어 먹는다. 그리고 몽골은 목장과 가축이 풍부한 지역으로, 유제품이 중요한 역할을 하고 있다. 그래서 우유, 마유, 양유 등을 발효시켜 요거트, 치즈, 음료 등을 만들어 일상적인 식단에 포함시켜 먹고 있다. 이외에도 채집한 산나물, 채소, 그리고 재배한 채소, 씨앗, 곡물, 과일 등을 반찬으로 만들어 먹는다. 몽골에서 자주 볼 수 있는 주요 음식을 보면 다음과 같다.

보즈

보즈(Buuz)는 몽골 전통 음식으로서, 증기로 익힌 한국의 고기 만두와 같은 만두다. 다만 차이는 한국에는 야채를 같이 넣으나 몽골은 오직 소고기 또는 양고기로 채운 완전 고기만두이다. 몽골의 보즈는 부드럽고 촉촉한 고기와 만두피의 조화로운 맛을 가지고 있다. 만두피와 속 재료의 비율이나 추가적인 양념은 개인의 취향에 따라 선택할 수 있다.

호쇼르

호쇼르(Huushuur)는 몽골의 전통적인 구운 만두 요리로, 고기와 야채가 들어간 우리나라의 군만두와 비슷하다. 호쇼르는 바삭한 외부와 고기 속 재료의 부드러운 맛을 가지고 있다. 호쇼르 피와 속 재료의 비율이나 추가적인 양념은 개인의 취향에 따라 조절할 수 있다.

보즈

호쇼르

허르헉

허르헉(Khorkhog)은 몽골의 대표적인 전통 구이 요리로, 몽골에서 귀한 손님이 오거나 집안의 행사가 있을 때 먹는 음식이다. 양고기와 야채를 달궈진 돌과 함께 냄비에 넣어 쪄내는 몽골의 전통 음식이다. 양고기와 야채를 함께 조리하여 특별한 요리 방법으로 준비한다.

조리 시간이 오래 걸리고 준비 과정이 복잡하지만, 그 독특한 방식과 풍미로 많은 사람에게 사랑받는 음식이다. 소중한 가족이나 친구를 대접할 때 혹은 집안에 경사가 있거나 명절 때 먹던 허르헉을 맛본다는 것만으로 소중한 경험이 될 수 있다.

허르헉

이스크바

이스크바

이스크바(İskəndər kebab)는 터키에서 유래한 요리로, 양고기를 미나리와 함께 구워내어 먹는 음식이다. 고기와 토마토 소스, 버터, 요거트로 구성된 요리이다. 이스크바는 특히 부드러운 고기와 풍부한 소스로 유명하며, 몽골 음식 중에서도 인기 있는 메뉴 중 하나다.

샤슬릭

샤슬릭(Shashlik)은 러시아어로 '꼬치구이'라는 뜻으로 쇠고기, 양고기 등 고기뿐만 아니라 야채나 해산물 등을 먹기 좋게 잘라 양념에 재어 놓은 뒤 꼬치에 꽂아 숯불에서 고루 익혀내는 요리를 말한다. 샤슬릭은 중앙아시아에서 유래되어 중앙아시아와 러시아에서 인기 있는 음식으로 고기를 불에 구워 먹는 한국 사람들에게도 가장 입맛에 맞는 음식이기도 하다. 몽골에는 샤슬릭 전문점부터 스트리트 푸드로도 유명하여 울란바타르 시내에서 자주 볼 수 있는 요리다.

샤슬릭

추이왕

모그투

모그투(Mogodu)는 양 또는 소의 내장을 적당히 썰어 양파, 마늘, 소금, 후추 등으로 간을 내어 구운 몽골의 대표적인 육류 요리이다. 내장의 신선도와 조리 시간에 따라 맛과 형태가 달라지기 때문에 재료선택에 주의해야 한다.

모그투는 일반적으로 가족과 함께 나누는 음식으로서 사회적인 모임이나 가족 모임에서 인기가 있다. 큰 냄비에서 조리되며 풍부한 고기와 야채가 함께 볶아져 한 그릇의 요리로 완성된다.

모그투

아아롤

아아롤

아아롤(Arul)은 건조시켜 만든 몽골 전통의 우유과자로 달콤하고 부드러운 맛을 가지고 있다. 이렇게 만들어진 몽골의 아아롤은 달콤한 과자로서 몽골인들이 좋아하는 달콤한 과자(디저트)이자 영양간식으로 커피나 차와 함께 즐기기 좋다. 설탕의 양은 개인의 취향에 따라 조절할 수 있다.

수테이 차이

수테이 차이(Süütei tsai)는 몽골 전통차로, 우유, 차잎, 소금 등을 넣고 달여 먹는다. 몽골어로는 '소금 차'를 의미한다. 수테이 차이는 일상적으로 마시는 차로, 소금과 다양한 재료를 넣어 제조한다.

수테이 차이는 간단하지만, 몽골의 전통적인 맛과 풍미를 갖춘 차다. 소금과 다양한 재료의 조화로 인해 상쾌하면서도 고소한 맛을 즐길 수 있다. 특히 몽골의 추운 겨울에는 따뜻한 차로 자주 마시는 음료다. 따라서 많은 몽골인들이 수테이 차이를 즐기는 반면에, 일부 외국인들은 그 특유의 맛에 적응하는 데 어려움을 겪는다. 이것은 소금 때문이다.

수테이 차이   마유

마유주(아이락)

　마유주(Mare's milk)은 몽골의 전통 음료로, 말의 우유를 발효시켜 만든다. 마유를 만들기 위해서는 먼저 마유를 수집한 후, 발효시키는 단계에 들어간다. 마유에는 유산균과 박테리아가 이미 존재하고 있어서 자연스럽게 발효되지만, 발효 과정을 더 빠르게 진행하기 위해 몇 가지 방법을 사용하기도 한다. 일반적으로는 마유를 거대한 가마솥에 담아 따뜻한 장소에 두어 약 8~12시간 동안 발효시킨다. 이 과정에서 박테리아와 유산균이 마유의 성분을 변화시켜 맛과 향을 형성한다.

　발효된 마유주는 생으로 마시거나, 냉장하여 마시는 방법이 일반적이다. 몽골에서는 마유주를 몸에 좋은 음료로 인식하며, 단지 마시는 것 뿐만 아니라 조리할 때 요리에 넣어 사용하기도 한다.

제4장
울란바타르

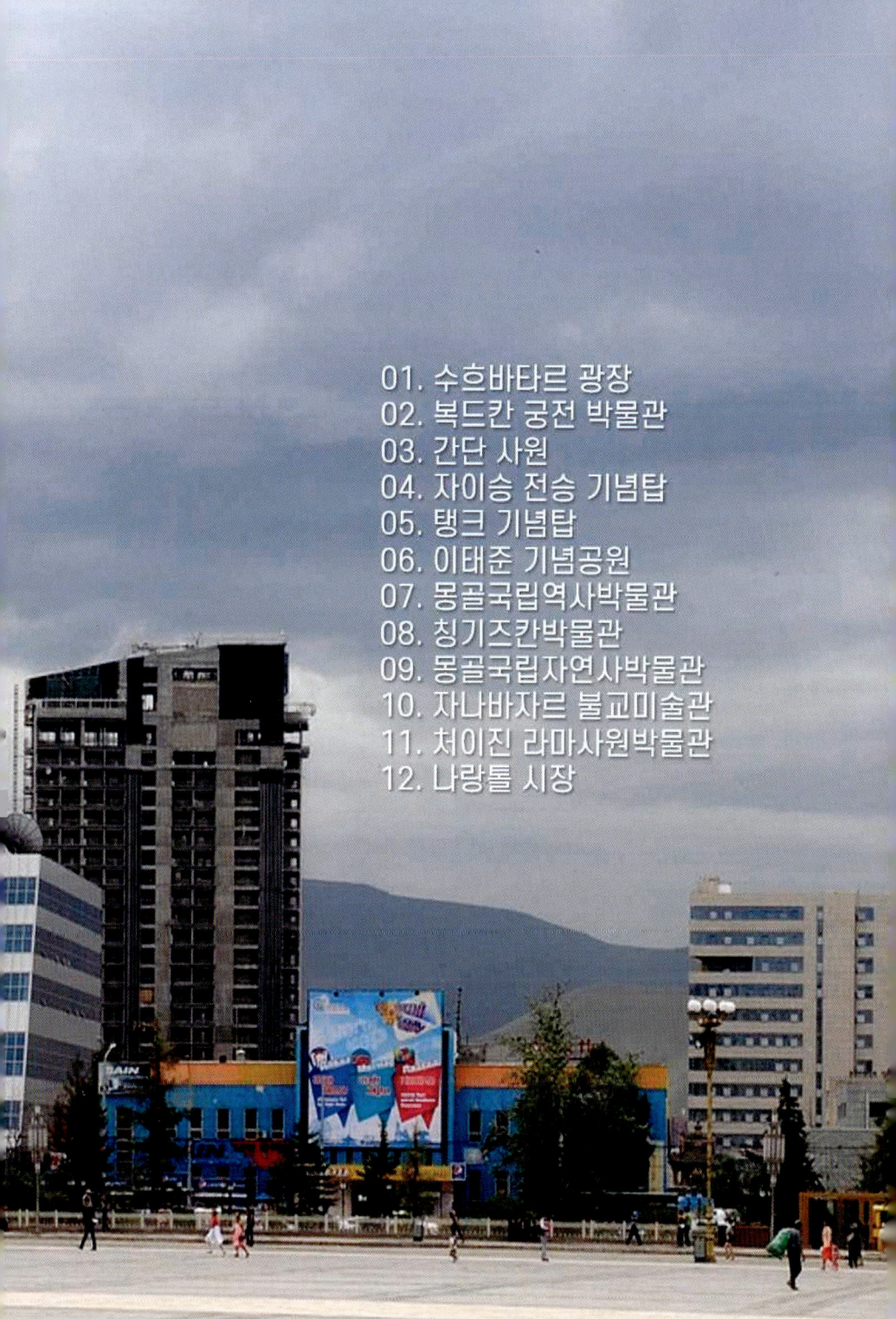

01. 수흐바타르 광장
02. 복드칸 궁전 박물관
03. 간단 사원
04. 자이승 전승 기념탑
05. 탱크 기념탑
06. 이태준 기념공원
07. 몽골국립역사박물관
08. 칭기즈칸박물관
09. 몽골국립자연사박물관
10. 자나바자르 불교미술관
11. 처이진 라마사원박물관
12. 나랑톨 시장

01 수흐바타르 광장

개장 일	연중 무휴	개장 시간	24시간
휴일	없음	입장료	없음
가는 방법	울란바타르 시내 중심		

　수흐바타르 광장은 몽골 수도 울란바타르의 중앙 광장으로 몽골의 가장 유명한 렌드마크이며, 역사·문화·예술의 중심지다. 수흐바타르 광장은 몽골의 심장이라고 할 수 있다. 수흐바타르 광장 주변에는 몽골을 대표하는 미술관, 몽골국립박물관, 칭기즈칸박물관, 공연장들이 가득해서 볼거리가 몰려 있다.

수흐바타르 광장 전경

　수흐바타르 광장은 몽골이 사회주의 시대부터 1989년까지 연례적으로 시민, 청년, 군사 퍼레이드의 장소였으며, 1990년에는 광장에서 반공산주의 평화시위가 열렸으며 이후 몽골에 민주주의가 도래하면서 몽골인들에게는 역사적으로 의미 있는 장소이기도 하다.

수흐바타르라는 광장의 이름은 1923년 몽골을 중국으로부터 독립시키고 몽골의 혁명을 이끈 영웅 담딘 수흐바타르가 사망한 후 이름을 따서 지었다. 몽골 북부에는 담딘 수흐바타르의 이름을 딴 도시도 있을 정도로 몽골인들이 칭기즈칸 다음으로 존경하고 있다.

2013년 수흐바타르시 당국은 몽골 건국의 아버지라 불리는 칭기즈칸을 기리기 위해 광장 이름을 칭기즈칸 광장으로 변경하기도 했는데 여러 논쟁 속에서 결국 2016년에 원래의 이름인 수흐바타르 광장으로 불리게 되었다.

수흐바타르 기마 동상

광장 중앙에는 독립 영웅인 담딘 수흐바타르(Damdin Sükhbaatar)의 기마상이 있으며, 광장의 북쪽에는 몽골 정부 청사(Saaral Ordon)가 있다. 몽골 정부 청사 북쪽 면의 중앙에는 칭기즈칸 대관식 800주년에 맞추어 건립된 칭기즈칸의 대형 기념 동상이 있으며, 좌측에는 칭기즈칸의 셋째 아들이며 두 번째 칸인 오고데이 칸(Ögedei Khan)의 대형 동상이 있으며, 우측에는 넷째 아들에서 태어난 손자이며 다섯 번째 칸인 쿠빌라이 칸(Kublai Khan)을 기리는 대형 기념 동상이 있다.

몽골 정부 청사와 중앙의 칭기즈칸 동상

원래는 수흐바타르 광장에는 몽골 독립 영웅인 담딩 수흐바타르와 콜루긴 초이발산(Khorloogiin Choibalsan)의 무덤인 수흐바타르 영묘(Sükhbaatar's Mausoleum)가 정부 청사 바로 앞에 있었으나 2005년에 철거되어 공동묘지로 이장되었다.

광장의 서쪽에는 몽골 증권거래소, 버그드 은행(Bogd Bank)의 본사가 있으며, 울란바타르시 청사, 무역개발은행 건물, 몽골국립박물관, 칭기즈칸국립박물관 등이 있다. 이 건물들은 소련의 지배 아래에 있을 때 지어진 건물로 어두운 외관 때문에 현지인들은 종종 '죽음의 별'이라고 부른다. 주변에는 몽골 통신 빌딩 및 중앙 우체국이 있다.

맨 왼쪽 몽골 증권거래소/ 버그드 은행/ 울란바타르시 청사/ 맨 오른쪽 무역개발은행

제14장 울란바타르 여행

광장의 동쪽 측면에는 인문대학, 갤러리아 울란바타르, 중앙문화궁전(1948년), 몽골 국립현대미술관과 주립 발레단 및 오페라 하우스, 그리고 중앙 타워가 있다.

맨 왼쪽 갤러리아 울란바타르/ 중앙문화궁전건물/
주립 발레단 및 오페라 하우스/ 맨 오른쪽 중앙 타워

광장의 남쪽에는 2008년에 완공된 유리 및 금속으로 된 돛 모양의 마천루인 블루 스카이 타워가 있다.

블루 스카이 타워

블루 스카이 타워는 2008년에 한국 건설사가 지은 건물로 당시엔 너무 디자인이 앞서가서 울란바타르시의 기괴한 건물로 인식되었지만, 현재는 디자인이 특별해 관심을 끌고 있어서 울란바타르의 제2의 랜드마크가 된 건물이다. 블루 스카이 타워는 호텔로 사용되고 있으며, 상그릴라 호텔이 생기기 전에는 가장 고급 호텔이었다. 블루 스카이 타워 바로 옆에 오래된 레닌 클럽 건물(1929년 완공)이 있다.

참고 사항

　울란바타르 시내의 주요 볼거리가 수흐바타르 광장에서 도보 15분 내에 위치하기 때문에 울란바타르 여행의 시작점으로 삼으면 좋다. 현지인들에게도 이곳은 만남의 광장으로 통한다. 낮에는 시민의 만남의 장소로, 밤에는 다채로운 빛으로 장식되는 수흐바타르 광장으로 부터 여행은 시작된다.
　수흐바타르 광장에서는 연중 다양한 행사들이 진행되며, 특히 나담 축제에서는 전통 의상 입기 행사와 각종 공연이 진행되면서 여행객들을 유혹하고 있다. 수흐바타르 광장은 몽골 여행의 시작이며, 몽골의 모든 역사를 볼 수 있는 곳이기도 하다.

02 버그드칸 궁전 박물관

개장 일	연중 무휴	개장 시간	09:00-19:00
휴일	없음	입장료	8,000투그릭
가는 방법	수흐바타르광장에서 2.5.km 도보로 33분 시내버스 : 66, 47, 53, 58, 61번		

 버그드칸 궁전 박물관(Богдханыордонмузей) 또는 버그드칸의 겨울 궁전은 몽골 울란바타르에 위치한 궁전 박물관이다. 몽골의 마지막 황제 버그드칸으로 불리는 잡증담바 후툭투(Жавзандамба хутагт; 몽골의 티벳 불교 정치 지도자) 8세가 녹색 기와를 사용하여 1893년과 1903년 사이에 지어졌다. 궁전은 6채의 라마 사원과 3개의 문, 칸과 왕비가 기거했던 2층 건물로 이루어져 있다.

 궁전의 정문은 '평화의 문'이라는 이름을 갖고 있고, 버그드칸의 즉위를 기념하여 1912년~1919년 사이에 못을 전혀 사용하지 않고 지어진 것으로 유명하다. 문은 3개로 이루어져 있는데 가운데 문은 오직 칸만이 지나갈 수 있다고 한다. 문마다 미술 그림이 있는데 화려하고 세밀하게 그려져 있다. 궁전이 완성되자마자 중화민국에 의해 칸의 지위를 다시 빼앗기게 된다.

버그드칸 궁전 박물관

몽골에는 칸이 살았던 4곳(봄, 여름, 가을, 겨울 궁전)의 거주지 중 유일하게 공산주의 세력들에게 파괴되지 않고 남은 곳이다. 파괴되지 않은 이유가 겨울 궁전 건물에 러시아 양식의 건물들이 있어 보존 가치가 있기 때문에 파괴하지 않았다는 이야기가 있다. 몽골에서 소비에트 세력들과 공산주의 세력에 의해 파괴되지 않은 소수의 역사 유적이다.

버그드칸과 왕비

버그드칸 궁전은 몽골의 마지막 황제 버그드칸으로 불리는 젭춘담바후툭투 8세가 녹색 기와를 사용하여 1893년과 1903년 사이에 지어졌다. 궁전은 6채의 라마 사원과 3개의 문, 버그드칸과 왕비가 기거했던 2층 서양식 건물로 이루어져 있다. 버그드칸 궁전은 1961년에 박물관으로 공개되었으며, 몽골에서 가장 오래되고 가장 많은 소장품들을 가진 박물관이다. 6개의 라마사원에는 불화, 불교적 기록, 불상들을 소장하고 있다. 버그드칸 궁전의 정문은 못을 한 개도 사용하지 않고 건축한 것으로 유명하다.

버그드칸궁전의 정문

버그드칸궁전 박믈관은 몽골을 찾는 관광객들의 필수 방문지로 일부 전시품은 미그드긴이 직접 사용했던 물건들이다. 예를 들어 버그드칸의 옥좌, 침대와 왕의 복장, 그릇, 식기, 도자기 등이 전시되어 있다. 이와 함께 버그드칸이 생전에 수집해 오던 각종 박제 동물들까지 전시되어 있다. 러시아의 차르였던 니콜라이 2세에게 받은 부츠도 있고, 버그드칸의 상징적인 게르도 전시되어 있다. 현재 몽골 정부에 의해 운영되고 있으며, 외국인 및 몽골 성인의 입장료는 8,000투그릭이다.

버그드칸이 거주한 몽골 최초의 유럽식 궁전과 게르

버그드칸 궁전의 접견실과 마차

참고 사항

　버그드칸 궁전 박물관은 몽골에 남아 있는 유일한 궁전으로, 근대에 들어와서 건축되었지만, 녹색 기와로 만들어져 독특한 분위기를 준다. 버그드칸 궁전 박물관에서는 버그드칸이 사용했던 물건들과 불교 유물과 함께 몽골의 마지막 황제인 버그드칸의 당시 생활 모습을 볼 수 있다. 몽골의 근대 역사에 대한 지식이 있다면 몽골을 이해하기 좋은 곳이다.

03 간단 사원

개장	연중 무휴	개장 시간	09:00-17:00
휴일	없음	입장료	4,000투그릭
가는 방법	수흐바타르광장에서 2.0.km 도보로 27분 시내버스 : 39, 40. 51번		

    간단 사원은 몽골의 수도인 울란바타르에 위치하고 있는 몽골 최대 규모의 사원이다. 간단 사원은 몽골 티베트 불교의 중심적인 절이자 몽골 3대 불교 사원 중 하나다. 정식 이름은 단테그치늘렌사원(Гандантэгчинлэнхийд)이며, 한자로는 감단사(甘丹寺)로, 완벽한 기쁨을 주는 위대한 장소라는 의미를 가진다.
    간단 사원은 1809년 제5대 젭춘담바 후툭투의 명령에 의해 건설되었다. 1925년에는 제8대 젭춘담바 후툭투의 유적을 모신 사찰로 사용하다 지금은 수도원 도서관으로 사용하고 있다. 1930년대에 몽골의 수상 초이 발산과 이오시프 스탈린(Joseph Stalin)이 이끄는 몽골 공산 정부는 몇 개의 수도원을 제외한 모든

수도원을 파괴하고 15,000명 이상의 라마 승려를 죽였다. 이때 대부분의 사원이 파괴되었으나 간단 사원은 예술적인 가치를 인정받아 피할 수 있었다.

간단 사원 전경과 내부

간단 사원은 공산주의 체제하에서 유일하게 종교 활동이 허용된 사원으로 티베트의 최고 지도자 달라이라마 14세도 종종 방문하는 몽골 국민에게 존경받는 사원이다. 간단 사원은 울란바타르 시민들의 마음 거점이자 클래식한 관광 명소 중 하나다.

간당 사원의 최대 볼거리는 관세음보살상으로 총길이 26.5m로 높이의 관세음보살상으로 세계에서 가장 높은 실내 불상이다. 원래는 몽골의 왕이었던 버그드칸 8세가 자신이 앓고 있던 병의 치유를 기원하고자 봉납한 것이었지만, 1938년 소련군에 의해 약탈당하는 비극을 맞는다. 현재의 보살상은 2대째 보살상으로 1996년에 재건되었다. 이 보살상은 세상의 모든 재난으로부터 안전하게 지켜준다고 전해진다.

04 자이승 전승 기념탑

개장	연중 무휴	개장 시간	24시간
휴일	없음	입장료	없음
가는 방법	버그드칸궁전에서 2.2.km 도보로 33분 시내버스 : 42, 45, 52, 55, 65번		

　자이승 전승 기념딥 또는 자이승 진밍대(Зайсантолгой)는 울란바타르남부 지역인 칸울(Khan-Uul)의 두레그에 있는 자이승 지역의 봉우리 정상에 있다. 몽골의 제2차 세계대전 승전을 기념하기 위해 1971년에 몽골이 소련에 대한 감사의 표시로 세웠다. 자이승 전승 기념탑은 울란바타르에서 가장 높은 곳에 있어서 몽골 시내 전경을 내려다볼 수 있는 전망대 역할도 하며 사진 찍기에 좋은 곳이다.

자이승 전승기념탑 외부

자이승 전승기념탑 내부

　기념탑은 높은 탑을 중심으로 원형 기념물로 되어 있다. 원형 기념물의 외부는 돌로 만들어졌으며, 소련으로부터 받은 훈장을 부조로 새겨 놓았다. 기념탑의 내부 벽화에는 제2차 세계 대전에서 전사한 몽골과 소련 연합군을 기리며 소련과 몽골 사람들 사이의 우정 장면을 묘사한 원형 기념 그림이 그려져 있다. 벽화에는 1921년 몽골의 독립 선언에 대한 소련의 지원에 대한 감사와 1939년 몽골 국경의 할힌골에서 만주를 점령하고 소련 영토를 침략해 온 일본 관동군을 소련과 연합하여 물리친 장면이 묘사되어 있다. 그리고 최초의 몽골인인 죽더르데미딘구라 그차아(Jugderdemidiin Gurragchaa)를 우주로 데려간 소유즈

(Soyuz) 39호의 비행을 포함하여 소비에트 우주 비행과 같은 업적을 기념하는 벽화가 그려져 있다.

　자이승 전승기념탑을 올라가는 방법은 버스를 타고 정류장에 내리면 밑에서부터 약 300m의 높이를 돌계단으로 올라가야 하기 때문에 많은 체력을 요구한다. 이보다 편하게 오를 수 있는 방법은 자이승 전승기념탑 입구에 대형 복합상점인 프라임 쇼핑몰로 들어가 엘리베이터를 타고 7층에 내려서 기념탑 쪽으로 나오면 반만 올라가면 정상으로 쉽게 올라갈 수 있다. 또 다른 방법은 택시를 타고 프라임 쇼핑몰 뒷 편에 있는 기념탑 주차장까지 갈 수 있어 쉽게 정상으로 올라갈 수 있다.

자이승 전승기념탑 앞에 있는 프라임 쇼핑몰

참고 사항

　현재 자이승 전승기념탑은 학교 소풍과 졸업식을 위한 인기 있는 만남의 장소로 사용되고 있다. 최근 자이승 일대에는 현대식 고급 주택단지가 속속 들어서면서 고급 주거지로 각광받고 있다.
　자이승 전승기념탑의 입구에 있는 프라임 쇼핑몰과 그 앞에는 양고기나 소고기 꼬치구이가 유명하며, 카페가 많아 몽골인과 관광객에게 인기가 많은 몽골인과 관광객이 즐겨 찾는 곳이다. 기념탑이 있는 자이승 지역은 몽골에서 가장 부촌으로 발전하고 있으며 계속해서 고급 아파트 단지가 들어서고 있다.

05 탱크 기념탑

개장	연중 무휴	개장 시간	24시간
휴일	없음	입장료	없음
가는 방법	버그드칸궁전에서 2.0.km 도보로 33분 시내버스 : 42, 45, 52, 55, 65번		

 자이승 전승 기념탑을 올라가는 입구에는 탱크 기념탑이 있다. 버스를 타고 내리면 바로 앞에 내릴 수 있으며, 프라인 쇼핑몰 쪽으로 가면 프라인 쇼핑몰 들어가는 입구에 있는 조그만 광장이 나오며 광장의 왼쪽에 탱크 기념탑이 있다.
 탱크 기념탑은 1943년 몽골 국민의 성금으로 탱크를 제작하여 소련군에 증정되었고, 제2차 세계 대전에 참전하여 독일에게 승리한 것을 기념하기 위해 만들어진 것이다.

1968년 5월 9일 세워진 기념탑 정면 황금 명판 아래에는 "몽골 국민의 자금으로 설립된 혁명 몽골 탱크 여단은 히틀러의 독일과의 전쟁에 참전했다."라고 쓰여 있다. 탱크 기념탑 오른쪽에는 탱크 여단이 1943년 모스크바에서 1945년 베를린 함락에 참여하기까지의 경로를 보여주는 지도가 새겨져 있다.

탱크 기념탑

탱크 기념탑 입구의 기념비

06 이태준 기념공원

개장	연중 무휴	개장 시간	24시간
휴일	없음	입장료	없음
가는 방법	버그드칸궁전에서 2.0.km 도보로 33분 시내버스 : 42, 45, 52, 55, 65번		

 이태준(李泰俊, 1883~1921)은 몽골에서 혁명운동에 참여한 인물로서 한국 독립운동사 뿐만 아니라 한국 근대사에서 매우 독특한 이력을 가지고 있다. 당시 라마승이 행사하는 초야권이 있어서 몽골에서 시집가는 여성들은 라마승과 성관계를 가져야만 했다. 문제는 라마승들이 매독에 걸려 있었기 때문에 몽골에 매독이 널리 퍼지게 되었다. 그래서 한때 몽골 하면 매독의 나라로 알려지기도 했다. 덕분에 당시 몽골에서 의료 활동을 하고 있던 이태준 선생이 몽골의

매독 퇴치 운동에서 가장 활약하게 되었다.

이러한 공로로 이태준 선생은 몽골의 마지막 황제인 버그드칸으로부터 제1급 관리 등급의 국가 훈장인 '에르데니-인 오치르(금강석)'를 수여받은 인물로 오늘날 한·몽 친선의 상징적 인물로 평가받고 있다. 또한 1921년 2월 초 몽골을 침범하여 살육과 노략질로 공포와 광란의 폭압 정치를 실시한 백러시아의 운게른 스테른베르그 부대에게 학살당하는 비운의 애국지사이기도 하다.

이태준 기념공원에는 이태준 기념관과 이태준 선생의 묘가 조성되어 있어서 몽골을 찾는 한국인들의 필수 관광지가 되었다.

이태준 선생과 이태준 선생의 묘

07 몽골국립역사박물관

개장	연중 무휴	개장 시간	5월 15일~9월 15일 09:00~19:00 9월 16일~5월 14일 09:00~18:00
휴일	5월15일~9월 15일 공휴일 9월 16일~5월 14일 일요일과 월요일	입장료	10,000투그릭 사진 촬영 10,000투그릭
위치			수흐바타르광장의 왼쪽

몽골국립역사박물관(Монголын Үндэсний угсаатны зүй, түүхийн музей)은 울란바타르에 있는 박물관이다. 몽골의 근대 박물관은 1924년에 박물관 건립을 위한 기금 모금으로 시작되었다. 처음에는 버그드칸 궁전에서 전시회를 열다가 1956년에는 국가중앙박물관을 건립하여 몽골 역사, 민족지, 미술사, 자연사 및 고생물학의 모든 유물을 전시하였다. 1971년 현재 건물로 자연박물관

이 이전되어 운영되다가 1980년대 후반과 1990년대 초반에 몽골인들은 인권과 자유를 중시하는 민주적 개혁체제를 선택하고 자유경제로 이행하였다. 이러한 변화는 사회의 모든 부문에 영향을 미치며 박물관도 개혁되었다.

몽골국립역사박물관에는 몽골에 인류가 처음 등장한 석기시대부터 현재까지 유목민의 역사, 문화, 유산, 민족학, 전통 풍습 등을 간략하게 보여주는 3개 층의 9개의 전시관을 갖춘 몽골의 대표적인 국립박물관이다. 몽골에는 국립역사박물관 이외에도 각 도마다 지역 박물관을 건립하여 그 지역의 역사와 자연을 반영한 소장품을 전시하고 있으며 지금도 운영되고 있다.

몽골국립역사박물관은 몽골인의 역사와 문화유산을 보존, 연구, 보급하는 것을 목적으로 하는 문화, 과학, 역사교육 기관이다. 박물관에는 초기부터 현재까지 몽골의 역사와 전통문화에 관한 약 50,000개의 전시물이 소장되어 있다. BC 800,000년부터 20세기까지의 역사적, 고고학적, 민족지학적, 문화적 유물을 전시하여 대중에게 서비스를 제공하고 있다.

암각화와 발굴 장면

역사 전시관은 고고학, 중세 및 현대 몽골 역사 전시물, 사진, 녹음 및 문서로 구성되어 있다. 민족 전시관은 장신구, 의복, 악기, 주방 기구, 몽골 가정, 가정용 가구, 말 안장, 샤머니즘 및 불교 공예품과 같은 몽골인의 문화 및 지적 유산의 일부인 풍부한 공예품으로 구성되어 있다. 몽골국립박물관의 소장품은 1990년대 이후 18개국에서 30개 이상의 몽골 역사 특별 전시회가 열렸다. 몽골국립박물관의 전시실은 다음과 같이 구성되어 있다.

1층 1전시실 : 몽골의 선사시대

약 80만년 전부터 몽골에 살던 고인류가 남긴 석기들과 청동기시대 사람들이 사용하던 생활 도구, 토기, 장신구, 무기 등 다양한 유물이 전시되어 있다. 몽골은 건조한 사막이 많아서 유물들의 보존 상태가 좋으며, 전국 각지에서 많은 유물이 출토되어 볼거리가 많다.

구석기 유물

1층 2전시실 : 고대 유목 국가

몽골의 조상인 훈누(흉노) 이후 돌궐-위구르-거란 시대의 역사와 문화 및 생활상을 보여주는 각종 유물이 전시되어 있다.

고대 국가의 유물

2층 3전시실 : 몽골의 전통 의상

몽골에는 화려한 전통 의상이 많이 있다. 전시실에는 20여개 민족 별 전통 의상과 장신구가 전시되어 있다. 보기 드문 화려한 전통 의상과 몽골 여성의 머리 장식과 옷 및 장식 등을 감상할 수 있다.

몽골의 전통 의상

3층 4전시실 : 몽골제국 시대

이흐몽골국(몽골제국 이전에 칭기즈칸이 건국한 나라)과 몽골제국 시대로 나눠서 이흐몽골국에 관련된 귀중하고 화려한 자료들과 몽골제국의 수도 카라코룸에서 출토된 유물 및 각종 무기와 외교문서 등이 전시되어 있다.

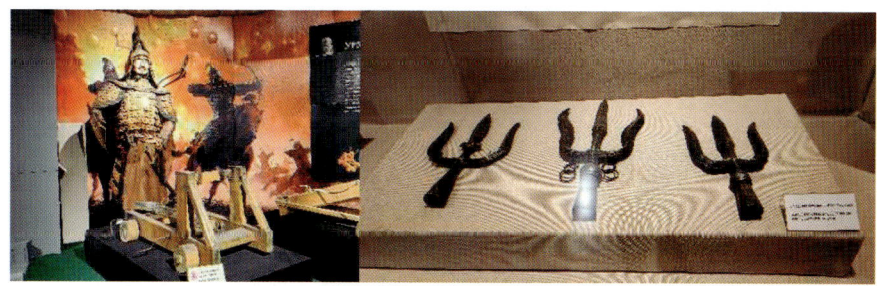

몽골제국 시대의 무기

3층 5전시실 : 몽골의 전통 문화

몽골인의 풍습과 문화를 보여주는 각종 유물들과 몽골 전통 예술품들 및 악기, 놀이도구 등이 전시되어 있다.

몽골의 전통 놀이 도구

3층 6전시실 : 몽골의 전통 생활

몽골 유목민들의 독특한 문화를 보여주는 무속 신앙, 목축, 수렵에 사용한 도구와 농사를 짓기 위한 농기구와 몽골의 이동식 가옥인 전통 게르가 전시되어 있다.

몽골의 샤먼과 농기구

3층 7전시실 : 청나라 지배기의 몽골

몽골은 북원이 청나라에 복속된 1635년부터 청나라가 멸망하는 1911년까지 약 275년 동안 만주족이 세운 청나라 지배를 받았다. 이 당시 사용하던 고문 도구와 갑옷 및 무기 등 자료가 전시되어 있다. 또한 청나라로부터 독립하여 세운 버그드칸 시대(1912~1919)와 관련되는 기록과 사진 및 당시 사람들이 사용하던 물품 등 다양한 자료가 전시되어 있다.

청나라 지배기의 형구와 복장

3층 8전시실 : 사회주의 시대의 몽골

1921년부터 1990년까지 몽골의 사회주의 시기의 몽골 사회를 보여주는 문서와 사진 등 자료들이 전시되어 있다.

사회주의 시대의 유물

3층 9전시실 : 민주주의와 개혁의 시기

1990년에 소련의 붕괴와 함께 몽골에서 민주화 운동의 과정을 사진과 문서 자료를 보여주며 역대 대통령들의 모습을 볼 수 있다.

몽골 대통령과 몽골의 민주화 운동

특별 전시

몽골에서 가장 인기 있는 씨름 선수들의 경기복과 유물들을 전시하고 있다.

몽골 씨름 선수와 사용하던 물건

08 칭기즈칸박물관

개장	연중 무휴	개장 시간	01:00-17:00
휴일	없음	입장료	30,000투그릭
가는 방법	몽골국립박물관 뒤		

　　칭기즈칸박물관은 몽골제국의 건국자이자 초대 대칸이며 전 세계를 통틀어 영토를 가장 많이 넓힌 인류 최대의 정복 군주 칭기즈칸을 기념하기 위해서 만들어진 박물관이다. 칭기즈칸박물관은 몽골 정부 청사 뒤편에 옛 자연사 박물관 자리에 위치하고 있다. 칭기즈칸박물관은 2019년 7월 3일 몽골 정부의 결의에 의해 칭기즈칸박물관을 신축해서 2022년 10월 11일 공식적으로 개관했다. 박물

관 개관식에는 역대 대통령들과 정치인들을 비롯한 유명 인사들이 참가했다.
 칭기즈칸박물관은 몽골 정부에서 최고 수준의 국제 박물관으로 자리매김하기 위하여 심혈을 기울여 건립하였다. 최신의 기술을 이용하여 전시물과 디지털 기술을 접목한 첨단 박물관이기도 하다. 그래서 입장부터가 일반 매표소에서 표를 구매하는 것이 아니라 키오스크를 이용하여 기본적인 정보를 입력해야만 티켓을 구매할 수 있다. 박물관의 입장료는 성인 3만 투그릭, 학생 1만 5천 투그릭으로 몽골에서 가장 비싼 입장료를 받고 있다.
 칭기즈칸박물관 외관은 아주 독특하며 특히 정면의 지붕 바로 밑에 위에 있는 5개의 금색 장식물이 돋보인다. 그것은 몽골 역사에 있어 가장 큰 업적을 남긴 역대 왕들인 칭기즈칸, 오고데이칸, 구육칸, 몽케칸, 아리크부카칸의 문장으로 몽골의 큰 역사적 의미를 가진다.

역대 대칸들의 문장

 칭기즈칸박물관의 건물 면적은 총 20,500m² 이며 9층으로 구성되어 있고 규모로 지면 아시아 대륙에서 5위 안에 든다. 칭기즈칸박물관에서는 대초원에서 최초의 유목국가를 건국한 흉노족을 비롯한 건국의 시초와 시대를 초월한 37명의 몽골 대왕 관련 전시물을 관람할 수 있다. 박물관 내에는 칭기즈칸과 관련된 총 15개의 전시장이 있으며 임시 전시홀도 마련돼 있어 몽골 유목민 귀족들이 어떻게 살아왔는지를 알리는 것에 목적을 두고 있다.

칭기즈칸박물관에는 박물관에는 1만 2천여 점의 전시품을 보유하고 있다고 밝혔는데, 그중 92%가 진품이라고 한다. 이 중 60%는 유형 전시물들이 차지하고 있고, 나머지는 오디오 및 비디오 전시물들이다. 칭기즈칸박물관을 만들기 위해서 몽골의 모든 박물관에서 칭기즈칸에 관련된 모든 유물들을 모아서 몽골 내에서 가장 많은 유물을 전시하고 있을 정도로 몽골 정부에서는 심혈을 기울여 만든 박물관이다. 칭기즈칸박물관은 9층 건물로 전시관을 가지고 있어서 전체를 관람하는 데는 대략 4시간에서 5시간이 소요될 정도로 많은 유물을 전시하고 있다.

귀족들이 사용하던 물건들

칭기즈칸박물관의 가장 큰 볼거리는 몽골 역사에 있어서 가장 중요한 인물인 칭기즈칸의 업적과 정복 사업의 과정, 그가 사용한 무기들에 대한 것이다. 그리고 칭기즈칸의 뒤를 이은 오고데이칸, 구육칸, 몽케칸, 아리크부카칸 4명의 칸에 대한 유물과 역사적인 기록이 볼만하다.

특별한 전시는 12세기 초, 몽골부의 버르지긴씨(孛兒只斤氏) 귀족 카불(合不勒)이 주변의 10여 개 부락과 씨족을 통일하고, 카마그몽골이라는 부락 연맹을 건립하여 최초의 칸이 되었던 칭기즈칸의 증조할아버지 카불 칸에 대한 역사관이 있다. 여기에는 카불칸이 섬령한 지역과 당시에 사용된 무기와 생활 용구들을 전시하고 있다.

칭기즈칸의 증조할아버지 카불 칸

 박물관의 전시 방식을 보면 몽골인의 역사에 대한 인식과 관심사를 이해할 수 있다. 칭기즈칸박물관의 전시실은 아래층부터 위로 올라갈수록 고대에서 현대에 가까워진다. 즉, 시대순으로 전시관을 꾸며 놓았기에 아래층부터 관람해야 역사적으로 이해하기 좋다.

칭기즈칸이 세운 몽골제국에 대한 비디오 전시물

제14장 울란바타르 여행 101

3층 : 고대 제국 전시관

고대 제국 전시관은 흉노제국의 역사와 유물들을 전시하고 있다. 여기에는 사슴돌(사슴 문양을 새긴 돌)문화, 흉노제국의 연표와 유물, 각종 모형을 전시하고 있다. 흉노 선우 중 두만 선우의 계보를 설명한 도표와 묵돌 선우의 동상이 전시되어 있다.

사슴돌 목돌 선우

4층 : 고대 유목제국 전시관

고대 유목제국 전시관은 투르크와 위구르, 거란제국의 역사와 유물을 전시하고 있다.

5층 : 대몽골제국 전시관

박물관의 핵심 전시관이라 할 수 있다. 대형 전자지도가 몽골제국의 확장 과정을 보여주고 있으며, 칭기즈칸의 궁전 모형이 전시되어 있으며, 몽골제국 시기 유물과 문화를 전시하고 있다.

6층 : 몽골제국 칸들 전시관

몽골제국의 역대 칸들에 대한 역사와 유물과 문화를 전시하고 있다. 몽골의 대칸과 황후의 초상화, 대원제국의 보석, 도자기, 잔치 그림, 쿠빌라이의 여름 궁전(상상도) 모형, 청동거울과 동전 등이 전시되어 있다.

황후의 초상화

7층 : 칭기즈칸의 후손들과 귀족들 전시관

15세기부터 20세기 초 몽골의 역사를 보여준다. 대몽골 칸들의 집단 초상화, 할하 몽골의 세 명의 칸, 일곱 명의 버그드칸 대형 초상화가 전시되어 있다.

대몽골칸들의 집단 초상화

8층 : 몽골인의 긍지 전시관

몽골의 군사기술, 쿠빌라이칸의 대원 통치, 세계의 수도 카라코룸 모형, 몽골문자(몽골 비칙), 자나바자르(칭기즈칸의 직계 후손으로 몽골의 현대 사상가이면서 예술가)의 생애와 예술이 전시되어 있다. 그리고 23건의 유네스코에서 지정받은 세계 유산 인증서, 몽골인들의 거주지인 게르 모형, 몽골 지폐에 나오는 오트곤텡게르(Otgontenger)산 사진이 전시되어 있다.

오트곤텡게르(Otgontenger)산

> **참고 사항**
>
> 　칭기즈칸박물관은 전시물에 대한 설명이 몽골어로 되어 있기 때문에 칭기즈칸과 몽골의 역사에 대한 사전 지식이 없으면 전시물을 관람해도 이해하기가 어렵다. 물론 전시물마다 QR코드가 있어서 스마트폰으로 사진을 찍으면 영문으로 설명이 되어 있지만, 이 또한 전시물에 대한 자세한 설명에는 미치지 못하고 있다.
> 　칭기즈칸 관련된 업적과 역사에 대한 전시물이 대부분이기 때문에 몽골 역사에 대한 배경지식이 없다면 이해하기 어려우며, 다른 박물관에 비하여 칭기즈칸박물관의 차별성이 부족하다는 지적을 받고 있기도 하다. 더욱이 몽골국립역사박물관이나 다른 박물관과의 차별성이 부족하다는 지적을 받고 있다.

09 몽골국립자연사박물관

개장	화요일-일요일	개장 시간	09:00-18:00
휴일	월요일	입장료	9,000투그릭
가는 방법	칭기즈칸박물관에서 750m 도보로 9분		

몽골국립자연사박물관(Байгалийн түүхийн музей)은 몽골의 지리, 지형, 동식물 등 자연과 관련된 유물을 전시하고 있다. 그 중 고비지역에서 발견된 두 개의 공룡 화석이 전시되어 있어 세계 3대 공룡 박물관으로 불릴 만큼 유명하다.

몽골국립자연사박물관은 몽골 울란바타르에 위치한 박물관으로 이전에 몽골국립박물관에 함께 있다가 소장품이 많아짐에 따라 1971년 자연사박물관이 이전되어 운영되었다. 기존 건물은 1953년에 세워진 건물로 2013년 연구 결과 지진 등 자연재해에 취약한 것으로 판단되어 2019년에는 오래된 박물관 건물을 철거하고 현재 부지로 이전되었다.

몽골자연사박물관에는 지리, 지질학, 광물, 동식물, 고생물학, 인류학과 관련된 전시물이 있다. 박물관 소장품에는 6,000개 이상의 표본이 포함되어 있으며 그중 45%는 영구적으로 공개 전시되고 있다.

몽골자연사박물관은 공룡 및 기타 고생물학적 전시물로 특히 잘 알려져 있으며, 그중 가장 주목할 것은 높이 15m, 무게 4~5톤 정도의 완전한 골격을 갖춘 후기 백악기 육식공룡 타르보사우루스와 동시대의 프로토케라톱스 알둥지이다.

타르보사우루스 티라노사우르스

프로토케라톱스 알둥지 화석과 프로토케라톱스

몽골자연사박물관에는 다음과 같은 전시관을 가지고 있다.

지리관

몽골의 지리, 몽골 최초의 지도, 혁명 이전에 몽골을 연구한 외국 과학자들의 여정을 기록한 지도, 몽골의 어류와 포유류의 분포를 보여주는 지도, 철 운석과 같은 전시물이 있다.

생명의 기원관

40억 년 전 지구 생명의 기원에 대한 연대기가 벽에 표시되어 있고, 유리 상자에는 당시의 흙과 암석 샘플이 전시되어 있다.

우주 연구관

최초의 몽골 및 아시아 우주비행사 구라차(Gurragchaa), 남극에서 연구한 기상학자 체렌델레그(Tserendeleg), 에베레스트를 최초로 등반한 몽골인 우세바야르(Usehbayar) 등이 사용한 의류, 장신구, 연구 중에 기록된 메모가 전시되어 있다.

지질 및 광물관

형석, 흑연, 납, 주석, 석면, 지방석, 운모, 결정, 광석, 인, 유황, 화산암, 대리석, 석류석, 수정, 하르탐, 터키석, 청금석 등 50가지가 전시되어 있다.

새관

독수리, 매, 펠리칸, 황새, 백조, 저어새, 백두루미, 물닭, 거위, 오리, 갈매기 등의 대형 맹금류를 포함하여 총 469종의 새가 박제되어 있으며, 아이벡스, 엘크, 사슴, 가젤 등 동물들의 뿔이 벽에 전시되어 있다.

고생물학 유물관

6000만~8000만년 된 나무 화석, 공룡 화석, 갑옷 공룡, 육식 공룡, 익룡, 비늘 공룡, 타르보사우루스, 프로토케라톱스의 화석 유물등이 있다.

식물관

몽골의 고비지대, 스텝지대, 삼림스텝지대 등으로 분류하여 식물의 표본을 전시하고 있다.

곤충관

몽골에는 270속 13,000종의 곤충이 있어 다양한 종류의 메뚜기, 딱정벌레, 벼룩, 딱정벌레, 나비, 박쥐, 곤충 및 거미 등을 전시하고 있다.

어류관

몽골에는 76종의 물고기와 20여 종의 도마뱀, 몽골의 파충류와 양서류의 분포를 보여주는 그림이 배치되어 있다.

낙타전시관

낙타 털 공예품, 낙타를 주제로 한 엽서, 간판, 포스터, 낙타 연구, 낙타 해골, 동물 인형, 낙타를 주제로 한 글, 그림, 서예 등이 모두 전시되어 있다.

포유류관

포유류의 발생과 발달에 관한 실증을 전시하고 있다.

10 자나바자르 불교미술관

개장	연중 무휴	개장 시간	09시~17:30분(4월~9월) 10시~16:30분(10월~3월)
휴일	없음	입장료	8,000투그릭 사진 촬영 45,000투그릭
가는 방법	수하바타르광장 도는 몽골국립자연박물관에서 750m 도보로 9분		

자나바자르 불교미술관(Занабазарын нэрэмжит Дүрслэх урлагийн музей)은 몽골의 수도 울란바타르에 위치한 미술관으로 1966년 설립되었다. 라마불교를 국교로 삼은 몽골의 초대 승려이자 조각가와 예술가로도 이름을 알렸던 자나바자르를 기념하고 그의 작품을 전시하기 위해 개관했다. 자나바자르

는 몽골의 미켈란젤로라고 불릴 만큼 다재다능한 예술가이자 정치가, 종교인으로 활동한 인물이다. 1635년에 태어난 그는 14세에 달라이 라마 밑에서 불법을 공부하고 몽골로 돌아와 불교지도자로서, 예술가로서 자국에 지대한 영향력을 미쳤다. 그는 몽골의 상징인 소욤보(soyombo) 문양을 고안하고 몽골 문자 체계를 확립했으며 몽골 미술의 르네상스 시대를 열었다.

자나바자르 불교미술관은 울란바타르의 3대 박물관으로 불교 미술품만을 모아서 전시한 전문 박물관으로 울란바타르 시내 관광 시 한 번쯤 들러 볼만한 명소로 꼽힌다.

박물관이 있는 건물은 1905년 러시아 상인이 지은 건물로 당시 은행으로 사용하던 건물이다. 이후 군사시설 등으로 쓰이다가 한동안 울란바타르 최초의 국영백화점으로 이용되었다. 1965년 몽골 공예가 연합 위원회 의장이 몽골의 유산을 보존하는 데 도움이 되는 미술관 설립 아이디어를 제안해 1966년 7월 23일에 박물관이 처음으로 대중에게 공개되었다.

전시품

1966년부터 1989년까지 박물관의 전시회는 모스크바, 키예프, 소피아, 브라티슬라바, 바쿠, 부다페스트, 상트페테르부르크, 타슈켄트, 울란우데 에르푸르트, 중국 등에서 열렸다. 1990년대에 박물관은 다양한 역사 및 문화 유물을 인수하여 전시관을 완성했다. 1993년에는 몽골 인민 공화국 시대에 고비 사막에

숨겨졌던 종교적 유물을 회수하여 전시물을 추가했다.

자나바자르 불교미술관에는 후기 구석기 시대부터 20세기 초까지 20,000개 이상의 전시품을 12개 전시관에 테마별로 나누어져 전시되어 있다. 미술관 내에서 자나바자르의 다양한 작품을 만날 수 있다. 그가 그린 수많은 탕카(불화)와 직접 조각한 것으로 알려진 불상들을 볼 수 있으며 그 외에도 몽골 예술가들의 불교미술 작품을 통해 몽골의 특색 있는 불교 미술 세계를 살필 수 있다.

그리고 그림, 조각상, 불화, 의상, 불교 의식에 사용되는 도구, 금과 은으로 만든 만다라 등이 다양하게 전시되고 있다. 그리고 조각, 의식 도구, 석각, 불화, 칼 세트, 머리 장신구와 같은 다양한 유물이 있다.

11 처이진 라마사원박물관

개장	연중 무휴	개장 시간	09시~18:00
휴일	없음	입장료	8,000투그릭 사진 촬영 45,000투그릭
가는 방법	수하바타르광장에서 900m 도보로 11분		

처이진 라마 사원 박물관(Чойжин Ламын Сүм Музей, Compassion Perfection Temple, 興仁寺)은 버그드칸의 동생 초이진 라마 루브상카이다브가 거주하던 사원으로 6개의 건물로 구성되어 있다. 처이진 라마 사원은 1904년에 건축이 시작되어 1908년에 완공되었으며, 버그드칸을 기리기 위해 만들어졌다. 처이진 라마 사원 박물관은 원래 하나의 주요 사원과 5개의 분사로 구성된 불교 사원이었다.

1937년까지 사원으로 운영하다가 불교에 대한 공산주의의 탄압이 절정에 이르렀을 때 문을 닫았다. 1938년 사원이 박물관으로 재건되었다. 본당에는 석가모니 부처의 18세기 금상이 있으며, 부처의 오른쪽에는 라마 루브상카이다브(Luvsankhaidav)의 동상이 있고 왼쪽에는 방부 처리된 발단 초펠(Baldan Choephel)의 시체가 있다. 또한 사원에는 불교에 사용한 도구, 탕카 그림, 실크 자수, 목각, 조각상, 가장 큰 참 댄스 마스크 컬렉션을 자랑하고 있다.

처이진 라마 사원 박물관의 불상

문 양쪽에 있는 동굴에 앉아 있는 4명의 마하라자 보호자와 함께 16명의 부처님의 아라한 제자들이 사원 벽에 그려져 있다. 중앙에는 84명의 인도 수행자 중 한 명인 마하시다(Mahasiddha)의 금박 청동 조각상이 있다. 또한 탄트라 신들의 힘과 그 힘을 상징하는 명상 자세를 취하고 있는 배우자가 묘사되어 있다.

참고 사항

불교에 대한 전문 지식이 없으면 전시물을 보아도 무슨 의미인지 이해하기가 어려운 불교박물관이기 때문에 박물관을 관람하기 전에 반드시 몽골 불교에 대해 공부하고 관람하는 것이 좋다.

12 나랑톨 시장

개장	수요알-월요일	개장 시간	09시~19:00
휴일	화요일	입장료	무료
가는 방법	수하바타르광장에서 3.2km 도보로 40분 시내버스 43, 49번		

 나랑톨 시장(Нарантуул зах)은 수하바타르광장에서 도보로 한 시간 정도 떨어진 곳에 세워진 몽골을 대표하는 전통 재래시장으로 모든 상품을 판매하는 곳이다. 나랑톨 시장에서는 짝퉁이라고 불리는 물건을 판매하고 있기 때문에 블랙 마켓이라고도 한다. 나랑톨 시장에서는 나이키나 노스페이스 등 유명 브

랜드부터 골동품, 과일, 식료품을 비롯해 다양한 물건을 살 수 있다. 언제나 사람들로 북적이는 곳이라 소매치기를 조심해야 한다. 정찰제가 아니고 부르는 것이 값이다.

　나랑톨 시장은 옥내와 옥외로 구분되어 운영되는데 옥내는 주로 과자류, 과일류화장품류, 생필품, 의약품 등을 판매한다. 옥외는 몽골의 전통 의상, 가죽제품, 의류, 신발, 운동용품, 래저용품 등 다양한 물건을 판매하고 있다. 나랑톨 시장을 한 바퀴 도는데 최소 1시간 이상이 소요됨으로 충분한 시간을 가지고 와야 한다. 나랑톨 시장은 매주 화요일과 나담 축제 기간 중에 문을 닫는다. 따라서 개장했는지를 확인하고 가는 것이 좋다.

나랑톨 시장 옥내 상가

01. 칭기즈칸 기마상
02. 13세기 문화촌
03. 테렐지 국립공원
04. 테르킨 차강 누르 국립공원

01 칭기즈칸 기마상

개장	연중무휴	개장 시간	09시~18:00
휴일	없음	입장료	20,000투그릭
가는 방법	수하바타르광장에서 54km 차량으로 1시간 소요		

　칭기즈칸의 기마상은 몽골의 수도인 울란바타르에서 남동쪽으로 약 54km 떨어진 툴강 남쪽 에르덴 숨(Erdene Sum)에 위치해 있다. 이곳에서 칭기즈칸의 황금 채찍을 발견되어 이것을 기념하기 위하여 기마상을 세웠다. 칭기즈칸의 기마상을 가려면 대중교통이 없어서 반드시 차량을 대절하거나 투어 프로그램을 신청해야만 올 수 있다.

칭기즈칸 기마상은 칭기즈칸이 황금 채찍을 들고 자신의 고향인 헨타이를 응시하는 모습이다. 칭기즈칸 기마상의 총 높이는 50m이나 실제 기마상의 높이는 약 40m이며, 36개의 기둥이 있는 약 10m 높이의 받침대 건물 위에 놓여 있다. 이로 인해 동상은 현재 세계에서 가장 높은 승마 동상이 되었으며, 칭기즈칸 기마상은 건설되기 전까지 가장 높은 승마 동상 기록을 보유했던 우루과이 승마 동상 높이의 거의 두 배였다. 기마상은 2008년 9월 26일에 조각가이자 디자이너인 에르뎀빌레(Erdembile)의 디자인에 따라 총 250톤의 경화강으로 건설되었다. 건물의 총 건설 비용은 약 410만 달러가 들었다.

기마상의 받침대 아래층 건물에는 입장권 판매소, 레스토랑, 선물 가게 및 작은 박물관이 있다. 250마리의 소가죽으로 만들어진 건물의 천장에 닿을 듯한 엄청난 크기의 기마용 장화인 고틀과 말채찍이 전시되어 있다. 여행객들은 2층에서 엘리베이터를 타고 전망대까지 올라갈 수 있다. 엘리베이터에서 내리면 말의 갈기까지 계단을 올라 목과 머리를 타고 올라가면 전망대에 이른다.

티켓 판매소

1층 로비 박물관

기마상 주변에 녹지 공간을 갖춘 '칭기즈칸 기마상 단지'를 건설할 계획이며, 여행객을 위해 200채의 숙소를 지을 예정이다. 그리고 칭기즈칸 기마상 뒤의 넓은 초원에는 2천만 투그릭(한화 500만원)을 기부하면 자신을 닮은 기마상을 만들어 마치 칭기즈칸 부대의 장군처럼 만들어 전시해주는데 현재 20여 개의 기마상이 세워져 있다.

칭기즈칸 기마상의 정면

기마상 정면의 게르 건설

칭기즈칸 기마상에서 나오면 낙타와 말을 탈 수 있는 체험장이 있으며, 검은 독수리를 가지고 사진을 찍을 수 있다.

독수리 체험

승마 체험

02 13세기 민속촌

개장	연중무휴	개장 시간	09시~18:00
휴일	없음	입장료	50,000투그릭
가는 방법	수하바타르광장에서 95km 차량으로 2시간 소요		

   13세기 민속촌(13-р зуун цогцолбо)은 13세기 초 25만 명의 군사로 금나라를 공격해 수도 중도(베이징)를 점령하고, 서아시아 이슬람국 정벌, 남러시아 점령 등 지중해에서 태평양에 이르는 인류 역사상 최대 제국을 건설한 칭기즈칸의 업적을 기리기 위하여 2006년에 설립되었다.

   13세기 민속촌은 울란바타르에서 95km 떨어진 에르덴 숨(Erdene Sum)에 있는 올(Yol) 산 주변에 88만 km²의 면적에 테마별로 이동하면서 관람해야 한다. 가는 길 95km 중 77km는 포장된 도로를 달려가지만, 18km는 아무 것도 없는 푸른 초원의 비포장도로를 달려서 2시간 만에 도착할 수 있는 곳이다. 칭기스칸 기마상에서 포장도로를 따라 동쪽으로 27km 이동하면 나온다. 13세기 민속촌은 대중교통으로 갈 수 없다. 그리고 비포장도로의 상태가 좋지 않아서 승용차로는 어렵고 비포장을 달릴 수 있는 차로 렌트를 해야 한다. 13세기 민속촌을 가는 길은 인간의 손길을 전혀 느낄 수 없는 대평원으로 넓게 펼쳐진 초원과 푸른 하늘을 구분하는 지평선은 너무나 아름다워서 말로 표현하기 어려울 정도다.

13세기 민속촌 입구

13세기 민속촌 가는 길

13세기 민속촌은 칭기즈칸의 대몽골제국의 13세기 생활 양식과 문화를 볼 수 있는 곳이며, 6개의 다른 테마 게르 단지가 있다. 13세기 민속촌은 몽골제국의 칭기즈칸의 생활상을 그대로 재현한 게르를 방문하고 그 시대의 진정한 생활 방식을 경험할 수 있는 유일한 곳이다. 몽골제국과 칭기즈칸에 대한 역사적인 지식이 있다면 당시를 이해할 수 있지만, 지식이 부족하다면 그냥 사진 찍기 좋은 곳이 되기 쉽다. 13세기 민속촌에는 다음과 같은 단지가 있다.

사무소

사무소는 13세기 민속촌 입구에 있는 단지로 관광객이 들어오면 관리원이 중계소에서 관광객 티켓을 판매하고 관광객을 다음 캠프로 안내하는 곳이다. 사무소 단지에서 티켓을 구매하면 몽골제국에 입국한 것처럼 입국을 환영해 주며, 단지 관람 방법에 대한 안내를 듣게 된다. 관광객들은 사무소에서 대몽골제국의 문장(흰색과 검은색 문양), 군용 갑옷, 투구, 검, 방패 등을 착용하고 사진을 찍을 수 있다.

사무소

역참 단지

역참은 칭키즈칸 시대에 만들어진 역참은 먼 거리에 떨어져 있던 전장터의 소식을 빠르게 전달하던 제도로 세계에 막대한 영향을 미쳤다. 한국에서도 역참제도를 받아들여 파발마나 오늘날 '역'의 근원이 되었다.

역참 단지 입구

역참 제도는 칭기즈칸의 아들 오고데이칸이 전쟁터에 있던 왕의 전갈을 몽골에 전달하기 위하여 전령이 말을 타고 달리다 30km마다 피곤한 말을 쉬게 하고 새로운 말을 타고 전속력으로 달릴 수 있도록 고안한 제도다. 몽골은 역참 제도를 통해 하루에 200km 이상을 달릴 수 있도록 하여 전쟁터의 소식을 본국에 최대한 빠르게 전달할 수 있었다. 역참에는 간단한 숙박시설, 말, 식량 등이 준비되어 있어 관리는 말을 갈아탈 수 있었고 숙박도 할 수 있었다. 역참 단지는 13세기의 역참 시설들을 재현해 놓고 관광객들이 숙박할 수 있도록 게르를 설치해 놓았다.

장인 단지

장인 단지에서는 13세기에 사용하던 마차, 여성들의 장신구, 무기, 도구 등을 재현해 놓아 당시의 생활상을 체험할 수 있도록 해 놓았다. 장인 단지에서는 장인들의 13세기 작품을 감상하는 즐거움을 누릴 수 있다.

장인 단지의 장인의 작품

교육 단지

교육 단지에서는 13세기의 몽골의 후계자와 젊은이들을 교육하는 전통적인 교육 방법과 교육 내용들을 볼 수 있다. 그리고 13세기에 진행된 교육을 체험할 수 있다.

교육 내용 전통 교육 방법

유목민 단지

유목민 단지에서는 유목민의 일상, 목축문화, 가축 사육 방식, 유제품 생산방법, 말 조련과 올가미 장대를 이용한 말 잡기, 가죽 끈 가공, 말타기, 야크, 낙타 체험 등을 할 수 있다.

유목민 단지에서의 체험

샤먼 단지

샤먼 단지에서는 몽골 전역의 다양한 씨족의 샤먼들이 푸른 하늘 아래 모닥불 주변에 모여 샤먼 의식을 수행하고 대자연과 신을 숭배하는 모습과 그들의 생활 방식을 볼 수 있다.

샤먼 단지

왕의 궁전

왕의 궁전에서는 13세기 칭기즈칸이 거주하던 왕의 게르를 재현해 놓아 당시의 칭기즈칸의 생활 모습을 상상할 수 있다. 왕의 궁전에서는 왕이 있었던 복장과 장신구, 칼 등을 착용하고 사진을 찍을 수 있다. 또한 관광객이 많으면 편안히 앉아 전통 음식과 전통 음악회를 즐기는 체험을 할 수 있다.

전통 음악회 전통 복장 입고 사진 찍기

03 테렐지 국립공원

개장	연중무휴	개장 시간	24시간
휴일	없음	입장료	30,000투그릭
가는 방법	수하바타르광장에서 80km 차량으로 1시간 30분 소요		

　테렐지 국립공원(Terelj National Park)의 원래 명칭은 고르히-테렐지 국립공원(Горхи-Тэрэлж БЦГ)으로 몽골의 북중부에 위치하고 있으며, 몽골의 수도 울란바타르에서 약 80km 거리에 있는 자연 보호 지역이다.
　테렐지 국립공원은 헨티산맥 산기슭에 위치한 몽골 최고의 휴양지로 울란바타르에서 자동차로 1시간 30분 걸린다. 테렐지 국립공원을 가려면 차량을 렌트해서 가는 것이 좋다. 울란바타르 시내에서 버스를 타는 방법이 있지만, 테렐지 공원으로 직접 오는 차는 없으며, 인근의 나하(Nalaikh)시에서 내려 테렐지로 들어가는 버스를 이용해야 한다. 그러나 정확한 시간을 알기 어렵고, 이동이 불편하기 때문에 차량을 렌트하는 것을 권한다. 테렐지를 가기 위해서 차량을 렌트하는 비용은 8시간 기준으로 300,000~400,000만 투그릭(한화로 12만원 ~16만원) 정도 하며, 차를 타면 나하시를 지나 테렐지 국립공원 입구를 조금 지나면 울란바타르까지 흐르는 몽골의 젖줄인 툴강이 그림처럼 뻗어 있으며 초원 위에 조그만 봉우리들과 기암괴석들이 즐비하여 이전 초원의 모습과는 달리 이제껏 보지 못했던 색다른 볼거리를 제공해 준다.

테렐지 국립공원

테렐지 트레킹

테렐지 국립공원은 알타이 산맥의 일부로서, 산으로 둘러싸인 계곡과 기암괴석으로 되어 있는 산악 지형으로 아름다운 자연경관을 볼 수 있다. 공원 내에는 푸른 숲, 초원이 조화롭게 어우러져 장관을 이루며, 여름철 에델바이스와 야생화가 만발하고 자연에서 즐기는 승마가 인상적인 곳이다.

테렐지 국립공원의 면적은 2931.68㎢의 넓이에 조성되어 있으며, 국립공원의 평균 고도는 해발 1600m이며, 가장 높은 지점은 2664m의 아부칸(Avkhan) 산으로 1년 내내 개방하는 국립공원이다. 테렐지 국립공원은 아름다운 산악 지형, 평화로운 계곡, 다양한 야생 동물, 문화 유적지 등으로 유명하다.

원래 테렐지는 1960년까지 스모크스톤, 자수정, 순수 수정의 광산 지역이었으나 이후 몽골에서 14번째로 국립공원으로 지정되었다. 현재 많은 사람들이

자연과 조용한 환경에서 여유를 즐기고, 휴양과 스포츠 활동을 즐기기 위해 테렐지를 찾는다.

　테렐지 입구의 톨강 앞의 관광 지역에는 수많은 게르 캠프와 리조트가 조성되어 있어 테렐지 국립공원을 찾는 관광객들이 가장 많이 머무르면서 여행하는 지역이다. 테렐지에서는 1박 2일 또는 2박 3일을 몽골의 전통 가옥인 게르에 묵으면서 주변을 트래킹하는 것도 좋다. 테렐지 국립공원 주변은 아직 관광객들이 많이 찾지 않아서 사람의 손길이 닿지 않은 천연의 깨끗한 자연을 만끽할 수 있어 트래킹하기에 좋다.

테렐지의 수많은 게르 캠프

　테렐지 국립공원의 산림 깊숙한 곳에는 멧돼지, 붉은 사슴, 노루, 여우, 늑대, 마멋 등 야생 동물이 풍부하고 맹금류가 사방으로 날아다니며, 250종이 넘는 새가 살고 있다.

테렐지 국립공원에는 암벽 등반가를 위한 많은 암벽이 있는데, 그중 24m 크기의 거북이 바위(Melkhii Khad)와 책을 읽는 노인(Praying Lama Rock)이라는 두 개의 유명한 암석이 있어 관광객이 꼭 들리는 관광코스다. 테렐지에서 밤을 보낸다면 10시 이후에 펼쳐지는 별들의 향연을 볼 수 있다. 하늘의 수많은 별들이 마치 쏟아질 것처럼 뚜렷하게 보이며, 다른 곳에서는 볼 수 없는 은하수도 볼 수 있어서 테렐지의 게르를 오성급 호텔이 아닌 백만성급 호텔이라고 감탄할 정도로 아름다운 별들이 장관을 이룬다.

테렐지에서 볼 수 있는 은하수와 수많은 별들

거북바위

거북이 바위

널려있는 기암 괴석

테렐지 국립공원에서 가장 유명한 볼거리는 거북바위다. 커다란 암석이 마치 거북이처럼 생겼다고 해서 이름붙은 바위다. 테렐지를 찾는 관광객이라면 누구나 거북바위를 배경으로 사진을 남긴다. 테렐지를 찾게 되면 거북바위를 중심으로 여행이 시작된다. 테렐지에는 기암괴석이 워낙 많기에 거북바위 말고도 수많은 바위가 있다. 이러한 바위들이 테렐지를 더욱 신비한 곳으로 만들어 준다.

아리야발 명상 사원

아리야발 명상 사원(Ariyabal Meditation Temple)은 테렐지에 있는 유일한 사원로 거북바위에서 약 1km 떨어진 산의 중턱에 위치하고 있다. 아리야발 명상 사원의 입장료는 4,000투그릭(한화 약 1,520원)으로 저렴하지만, 산의 중턱에 위치하고 있어서 입구에서 10분 정도 올라가야 하며 사원에 이르면 108개의 계단을 올라가야 한다. 사원은 1998년에서 2004년 사이에 지어져 오래되진 않았지만, 사원의 생김새는 부처님이 코끼리를 있는 형상으로 만들어졌으며, 사원 안은 몽골의 일반적인 사원의 형태를 볼 수 있다. 그러나 사원에서 바라보는 테렐지 계곡의 풍경은 사원을 오를 때 힘들었던 순간을 잊도록 만들 정도로 일품이다.

사원 올라가는 길

아리야발 명상 사원

테렐지의 체험거리

테렐지 국립공원에서는 다양한 체험을 할 수 있다. 게르에서의 숙박 체험, 캠핑,

승마, 낙타 타기, 하이킹, 산책, 자전거 타기, 암벽 등반, 양궁 등의 체험을 할 수 있으며 몽골 원주민집을 방문하여 생활상을 체험할 수 있다. 특히 테렐지에서 꼭 해봐야 할 것은 초원에서 말타기 체험을 하는 것이다. 지평선이 보이는 아름다운 초원에서 말을 타고 달리는 동안 마치 유목민이 된 것처럼 자유를 만끽할 수 있는 색다른 경험이 될 것이다. 승마체험 비용은 1시간당 25,000투그릭(한국돈 1만원) 정도하며, 마부를 대동할 경우에는 10,000투그릭 정도를 팁으로 주면 된다.

테렐지의 승마 체험장

오랫동안 기억에 남는 테렐지에서의 승마 체험

테렐지 국립공원에서 꼭 가보면 좋은 곳은 테렐지 관광 캠프에서 톨강 상류로 80km 떨어진 카긴 카르 호수(Khagiin Khar Lake)이다. 카긴 카르 호수는 빙하가 녹아서 형성된 20m 깊이의 호수로 아름다운 절경을 자랑한다. 또한 호수의 상류 쪽으로 18km를 올라가면 천연 온천인 예스티 온천(Yestii Hot Water Springs)이 있다.

정상에서 본 카긴 카르 호수

카긴 카르 호수

04 테르킨 차강 노르 국립공원

개장	연중무휴	개장 시간	09시~18:00
휴일	없음	입장료	50,000투그릭
가는 방법	수하바타르광장에서 900km 차량으로 12시간 소요		

테르킨 차강 노르 국립공원(Khorgo-Terkhiin Tsagaan Nuur National Park; Тэрхийн Цагаан нуур)은 아르항가이(Arkhangai) 지방의 타리아트(Tariat) 지구에 있다. 테르킨 차강 노르 국립공원은 울란바타르에서 정서쪽으로 900km 거리에 있으며, 차로는 12시간 정도 걸린다.

테르킨 차강 노르 국립공원은 항가이 산맥의 타르바가 타이 산맥에 있는 출루웃강과 수만강 계곡에 위치하고 있다. 테르킨 차강 호수는 화산으로 형성된 계곡에 있는 담수로 영양분이 거의 없는 호수다. 호수 바로 주변의 지형은 대초원과 삼림 대초원 식생이 있는 언덕이 있다. 호수의 길이는 약 15km이며, 최대 깊이는 20m이며 40%는 2m 미만이다.

테르킨 차강 호수

코르고산

테르킨 차강 노르 국립공원에는 그림같은 테르킨 차강 호수가 있고, 인근에는 최근 사화산이 된 코르고(Khorgo)산이 있으며, 몽골의 북쪽 중앙에는 해발 3000m에 이르는 칸가이 산맥이 있다. 호수 서쪽 끝에 있는 습지는 새들의 중요한 번식지이자 집결지이다.

코르고산은 호수에서 동쪽으로 약 4km 떨어진 화산 지대인 타랴투-출루투(Taryatu-Chulutu) 계곡에 있다. 코르고산은 기원전 약 8,000년에 거대한 화산 폭발을 했다. 그래서 코르고산 정상에는 분화구가 아직 남아 있는데, 분화구는 깊이 70~80m이고, 고도 2,210m에 위치하여 관광객에게 흥미를 제공한다. 분화구에는 호수가 없지만 수증기가 분출되어 여름에는 구름을 만들고 겨울에는 얼음 곰팡이를 형성하여 멀리서 보면 산에 흩어져있는 큰 양 떼처럼 보인다. 분화구 근처에는 종유석이 천장과 벽에 매달려 있는 수십 개의 작은 동굴이 있다.

01. 홉스굴
02. 홉스굴의 볼거리
03. 홉스굴 여행 계획 세우기
04. 홉스굴 가는 방법

01 홉스굴

개장 일	연중 무휴	개장 시간	24시간
휴일	없음	입장료	없음
가는 방법	수흐바타르광장에서 900km 차량으로 13시간 이상		

 몽골에서 가장 유명한 관광지 중 하나는 홉스굴(Khovsgol) 호수로 홉스굴 지방의 지역 사회 기반 생태관광으로 세계적인 관광지가 되었다. 홉스굴 호수는 울란바타르에서 북서쪽으로 약 900㎞ 떨어진 지역에 위치하고 있어 여행하기가 어려운 곳이다. 따라서 홉스굴 호수는 몽골 여행의 고수만 갈 수 있는 곳이라고 하지만, 몽골인들에게도 가장 가고 싶은 여행지이기도 하다.

홉스굴 호수는 몽골에서 가장 큰 담수호이자 면적으로는 두 번째로 크며, 서울 크기의 4배나 되는 아주 넓은 호수다. 러시아의 바이칼 호수 남쪽 끝에서 서쪽으로 약 200km(124마일) 거리로, 몽골의 북쪽 국경 근처에 있다.

담수의 부피로 보면 전 세계에서 16번째로 큰 담수호로 지구 담수의 1%, 몽골 전체 담수의 70%를 담고 있다. 자매 호수라고 할 수 있는 바이칼 호수의 가장 큰 공급원이자 영구동토층으로 완전히 둘러싸인 유일한 호수이기도 하다. 바다와 인접하지 않은 몽골에서는 가장 중요한 식수 매장지다.

태고의 신비를 가진 홉스굴 호수

홉스굴 호수의 게르

홉스굴 호수 유역은 모두 고지대의 툰드라와 고산 숲, 그리고 타이가 숲과 대초원, 개울, 습지, 연못을 통해 계단식으로 연결된 생태계의 보호를 받는다. 호수는 타이가 숲의 상징이라고도 할 수 있는 오래된 시베리아 낙엽송에 둘러싸여 있으며, 거주했던 여러 부족의 샤머니즘 관습으로도 유명하다. 이처럼 깨끗한 자연환경을 지닌 홉스굴 호수는 1992년 주변 지역과 함께 몽골의 국립공원으로 지정되었다.

02 홉스굴의 볼거리

홉스굴 생태관광은 민간 단체와 정부가 협력해 운영하는 관광상품이다. 관광객은 유목민 가족의 게르에서 함께 머물며 지역 고유의 생태계 보전을 지원하며 이들의 전통을 배울 수 있다. 이 관광상품을 통해 홉스굴 호수와 인근 지역의 깨끗한 환경에서 체험하는 승마, 하이킹, 낚시, 유람선, 카누 등의 액티비티와 더불어 전통 공예를 배우는 등 문화 의식에도 참여할 수 있다.

홉스굴 호수의 다양한 지형

홉스굴 호수 관광은 차량 대신 오직 트레킹과 말을 이용한 이동만 가능하며, 지역사회의 자원을 지키기 위해 높은 환경보호 수준을 적용하고 있다. 관광객의 배설물 관리를 통해 수자원을 보호하며, 말은 자연에 방목하며 최대한 행복한 생활을 보장하는 등의 방식이다.

관광객의 숙박을 위한 게르는 이동과 구축이 편리한 친환경 숙박 시설로, 버드나무나 느릅나무의 가지로 형태를 세운 뒤 짐승의 털로 만든 천을 덮고 밧줄을 둘러 만든다. 관광객은 게르에서 생활하며 낮에는 드넓은 초원과 나무가 우거진 숲을, 밤에는 은하수와 별이 쏟아지는 듯한 밤하늘을 볼 수 있다. 또한, 사막의 야생동물을 관찰하고 보호하는 보전 활동에 참여하며 전통적인 유목 생활과 지역 경제 발전 지원 방안을 자연스럽게 익히게 된다.

또한 호수에는 민물 연어를 비롯한 각종 어류가 서식하며, 주변의 삼림에는 큰뿔양·야생 염소·사슴·순록·사향노루·큰곰(갈색곰)·스라소니·비버·늑대·말코손바닥사슴 등 68종의 포유류와 244종의 조류, 60여 종의 약용식물을 포함해 750여 종의 식물이 서식한다. 말 그대로 생태의 보고를 체험하게 된다.

민물 연어

몽골 늑대

하지만 이 국립공원은 뛰어나고 매력적인 자연 생태계를 지닌 관광지임에도 불구하고 교통이 매우 불편하여 접근성이 떨어져 여행자들의 방문이 어렵다.

03 홉스굴 여행 계획 세우기

홉스굴을 여행할 때 가장 먼저 고려할 것은 자유여행으로 할 것인지, 패키지 여행으로 할 것인지를 결정해야 한다. 홉스굴에 거주하는 몽골인들은 영어나 한국어를 할 줄 아는 사람이 거의 없기 때문에 몽골어를 할 수 없으면 자유여행이 매우 어려운 지역이다. 따라서 여행의 고수도 철저한 준비를 하지 않으면 자유여행이 어려운 곳이기에 패키지 여행을 하는 것을 권한다.

홉스굴을 여행하기 위해서 두 번째 고려해야 할 것은 바로 시기다. 홉스굴은 6월이 되어야 눈과 얼음이 녹으면서 숙소 시설이 오픈하기 때문에 6월부터 여행을 시작할 수 있고, 9월 말이 되면 다시 얼음이 얼면서 숙소가 문을 닫기 때문에 홉스굴을 여행하기 위해서는 시기를 잘 맞춰서 여행해야 한다. 그리고 홉스굴의 6월은 아직 쌀쌀하기에 숙소 내에서 샤워가 불가능할 수도 있어 이런 점도 감안해야 한다.

홉스굴은 여름인 7월과 8월 기준으로 낮에는 반팔이 가능하지만, 아침과 저녁에는 매우 춥다. 그래서 한여름에도 홉스굴 대부분의 게르 캠프에서는 장작불을 지펴야 잘 수 있다. 물론 열악한 환경을 감수하더라도 어떤 시기라도 상관없다면 오픈된 숙박 시설을 알아보고 여행을 하면 된다.

홉스골 여행 중 홉스골 호수에서 트래킹을 하며 각종 체험을 하기 위해서는 최소 4박에서 6박 정도의 일정으로 여행하는 것이 좋다. 홉스굴은 워낙 가기가 쉽지 않기 때문에 국내선 항공을 이용한다면 4박 5일 정도가 적당하며, 이외의 교통편을 이용하는 경우에는 6박 7일 정도가 적당하다.

차량으로 이동하는 5박 6일 일정표를 짜보면 다음과 같다.

<표-5> 홉스굴 여행 일정표

일차	시간	활동
1일차	08:00	울란바타르 출발
	12:00	점심식사
	18:00	무릉시 도착해서 식사
	21:00	홉스굴 숙소 도착
	22:00	취침
2일차	08:00	기상
	09:00	아침식사
	10:00	홉스굴 호수 주변 트렉킹
	12:00	점심식사
	13:00	홉스굴 호수 주변 트렉킹
	18:00	저녁식사
	20:00	은하수 관찰
3일차	08:00	기상
	09:00	아침식사
	10:00	호수에서 보트 체험
	12:00	점심식사
	13:00	차탕족 문화 체험
	18:00	저녁식사
	20:00	은하수 관찰

	08:00	기상
4일차	09:00	아침식사
	10:00	승마 체험
	12:00	점심식사
	13:00	투명 카약 체험
	15:00	강변 따라서 트렉킹
	18:00	저녁식사
5일차	08:00	기상
	09:00	아침식사
	10:00	홉스굴 유람선 탑승
	12:00	점심식사
	13:00	홉스굴 호수 주변 승마 트렉킹
	18:00	저녁식사
	20:00	캠프파이어
6일차	08:00	홉스굴 출발
	12:00	점심식사
	18:00	무릉시 도착해서 식사
	21:00	홉스굴 숙소 도착
	22:00	취침

04 홉스굴 가는 방법

자유여행으로 홉스굴을 가는 방법은 5가지가 있는데 국내선 비행기를 타고 가는 방법, 버스타고 가는 방법, 차량을 렌트해서 가는 방법, 기차를 타고 가는 방법과 마지막으로 투어 프로그램을 신청해서 가는 방법이 있다.

국내선 비행기를 타고 가는 방법

홉스굴을 가는데 가장 빠르고 편리한 방법은 국내선 비행기를 타고 가는 것이다. 국내선 비행기를 타기 위해서는 칭기즈칸공항에서 므릉공항으로 가는 국내선 비행기를 타야 한다.

국내선 비행기는 민간항공사에서 경비행기를 사용하여 1시간 30분 정도 걸린다. 항공권 편도 가격은 비수기에는 한화로 대략 20만원 정도이고 성수기에는 대략 40만원 정도로 성수기에는 매우 비싼 편이어서 여행 일정과 경제 사정을 고려해 선택하면 된다.

문제는 무릉공항에 도착해서 홉스굴까지는 200km 거리에 있기 때문에 택시나 버스로 2시간 30분 정도 더 들어가야 한다. 더욱이 국내선 비행기는 7월과 8월 두 달 동안만 매일 운행하기 때문에 이외의 기간에는 이용할 수 없다.

기차 타고 가는 방법

비행기보다는 편하지 않지만, 야간열차의 침대칸을 타고 갈 수 있기 때문에 밤에 자면서 이동할 수 있는 장점을 가지고 있는 방법이다. 기차는 울란바타르 기착역에서 홉스굴에 가장 가까운 에레데네트역까지 370km로 7시간을 타야 한다. 문제는 에레데네트역에서 홉스굴까지 버스나 택시로 480km 거리로 10시간을 이동해야 한다.

몽골의 기차

몽골의 버스

버스타고 가는 방법

버스를 타고 홉스굴에 가기 위해서는 울란바타르의 드래곤 버스터미널에서 버스를 타고 무릉시까지 13시간을 가야 한다. 무릉시에서 홉스굴까지는 200km 거리에 있기 때문에 택시나 버스로 2시간 30분 정도 더 들어가야 한다. 따라서 16시간 이상이 걸린다. 버스타고 홉스굴을 가는 방법은 가장 저렴하지만, 버스 티켓을 미리 구매하지 않으면 버스를 타기가 어렵다.

차량을 렌트해서 가는 방법

홉스굴을 갈 때 그래도 가장 자유로운 방법은 차량을 렌트해서 가는 것이다. 차량을 렌트하게 되면 직접 홉스굴로 이동하기 때문에 13시간 정도 걸리며, 홉스굴에서 가고 싶은 곳을 마음대로 갈 수 있다는 장점이 있다. 그러나 차량을 렌트할 때는 하루에 차량대여비+기사비+유류비+식비 합쳐서 한화로 20만원 정도 한다. 따라서 4일을 여행한다면 80만원 정도가 들기 때문에 혼자 하기는 어렵고 4~6명이 여행할 때 가장 적당한 방법이다. 그래서 홉스굴을 여행하고자 하는 여행객들은 몽골 여행 카페에서 같이 여행을 가는 방법을 선택한다.

투어 프로그램으로 가는 방법

홉스굴을 갈 때 가장 편리한 방법은 여행사에서 제공하는 투어 프로그램을 신청해서 가는 방법이다. 투어 프로그램은 4박 5일, 5박 6일, 7박 8일 등 다양한 일정의 프로그램이 있으며, 한국에서부터 바로 울란바타르로 들어가서 홉스굴로 이동하는 프로그램과 울란바타르에서 홉스굴로 가는 프로그램 등이 있다. 가격은 한국에서 홉스굴로 들어가는 일정은 150~250만원 정도하며, 몽골에서 합류하는 투어 프로그램은 30~50만원 정도 한다.

여행사를 선택하는 방법은 국내에서 출발할 경우에는 국내 여행사를 선택하면 되고, 몽골에 들어가서 투어 프로그램을 선택할 때는 울란바타르 국영백화점 주변에 있는 여행사나 게스트하우스에서 모집해서 가는 프로그램을 선택한다면 저렴하게 다녀올 수 있다.

홉스굴 호수

01. 고비 사막
02. 고비 사막의 볼거리
03. 고비 사막 여행 계획 세우기

01 고비 사막

개장 일	연중 무휴	개장 시간	24시간
휴일	없음	입장료	없음
가는 방법	수흐바타르광장에서 900km 차량으로 13시간 이상		

　몽골과 중국의 국경에 있는 고비 사막은 동서로 1,500km, 남북으로 800km, 면적은 129만 5천km에 이르는 암석 사막이다. 북쪽에 알타이 산맥이, 동쪽에 동북 평야가, 동남쪽에 화북 평야가, 서남쪽에 티벳고원이 있고 북부에 케룰렌 강이, 남쪽에 황하가 지난다.
　북극을 제외하면 지구상에서 가장 북쪽에 위치한 사막이기도 하다. '고비'라는 말의 뜻은 몽골어로 '풀이 잘 자라지 않는 거친 땅'이라는 뜻이다. 이름처럼 강우량이 적으며, 기후는 다른 사막도 그렇지만 이곳은 북쪽에 위치해서 영하 30℃~영상 40℃를 넘나든다.

고비 사막은 타클라마칸 사막과 더불어 역대 중국 왕조들을 북방 유목민으로부터 지키는 자연 방벽 역할을 해왔다. 고비 사막은 환경이 척박해 사람이 살 수 없을 듯하지만, 유목민이 거주해 왔고 쌍봉낙타·늑대·가젤·산양·곰·당나귀 등 야생동물도 많이 서식하는 지역이다.

고비 사막은 척박한 땅이기도 하지만 한편으로는 공룡 화석이 많이 나오는 사막으로도 유명하다. 공룡 화석이 많이 나온다는 것은 과거에는 이 지역이 이렇게 척박한 땅이 아니었다는 증거이기도 하다. 고비 사막은 모래사막보다는 암석 사막이 대부분이다. 그리고 고비 사막이 언제부터 형성되었는지는 확실치 않지만 멀지 않은 과거에 이 지역이 급속히 건조화되면서 사막화가 심해졌다는 견해가 있다.

몽골은 사막화 현상이 급격히 진행되고 있으며 고비 사막 주변의 숲과 초지도 매년 줄어드는 상황이다. 이에 피해가 극심한 몽골 정부는 사막 주변에 그린벨트를 지정하고 댐, 수력발전소 등을 지어 사막화에 대응하고 있다. 또한, 인접한 중국과 한국 등 지역에도 황사 피해를 안길 수 있기에 이에 대처하기 위한 동북아 환경 협력체 구성도 추진 중이다.

고비 사막

02 고비 사막의 볼거리

고비 사막은 몽골 여행에서 대자연을 만끽하기 가장 좋은 여행지를 꼽으라고 했을 때 빠지지 않고 손꼽히는 곳이다. 고비 사막은 모래사막보다는 암석 사막이 많기에 척박한 사막만 있다고 생각할 수 있지만, 고비 사막에서는 다른 사막에서 보기 힘든 아름다운 절경을 볼 수 있기 때문이다.

고비 사막 여행에서 꼭 보아야 할 곳은 차강소브라, 홍고린엘스, 욜링암, 비양작, 고비 스텝 등이 있는데 여기에서는 어디를 찍어도 이국적인 사진을 찍을 수 있는 독특한 절경을 보여준다.

차강소브라가

차강 소브라가(Tsagaan Suvraga)는 울란바타르에서 약 8시간 떨어진 곳으로, 몽골의 그랜드캐년으로 알려질 정도로 지형이 특이한 곳이다. 차강 소브라가의 30m 높이의 석회암 절벽은 고생대에 바다 속 지층이 융기해 생겨났다.

차강 소브라가는 석회석으로 이루어져 하얀색을 띠고 있어 '하얀 불탑'과 같이 생겼다는 뜻에서 붙여진 이름이다. 차강 소브라가를 모두 보려면 먼저 절벽 위에서 풍경을 바라보고 다음에는 아래쪽으로 걸어 내려가면서 절벽 전체를 보는 것이 좋다.

차강소브라의 독특한 절경

홍고린엘스

암석 사막이 대부분인 고비 사막은 거친 모래로 이루어져 있어 황무지처럼 보인다. 하지만 모래 산이 솟은 형태의 홍고린엘스(Khongoryn Els) 지역은 우리가 생각하는 모래로 된 사막이라는 단어에 연상되는 경이로운 모래사막으로 유명한 관광지다. 홍고린엘스는 모래가 이동하면서 '웅웅'하는 소리가 나기 때문에 몽골어로 '노래하는 언덕'이라는 의미를 가지고 있다. 홍고린엘스는 폭 12km, 길이 100km 이상, 그리고 높이가 300m이다.

욜링암

욜링암(Yolyn Am)은 얼음 협곡으로 새가 살고 있기 때문에 '새가 사는 계곡'이란 이름이 붙었다. 욜링암에는 1년 내내 얼음이 얼어 있어서 여름에도 얼음을 볼 수 있어서 찾는 지역이다. 그러나 요즘은 기상 이변 때문인지 여름에는 얼음을 볼 수 없을 때가 많다.

비양작

비양작(Bayanzag)은 높이 20~50m의 붉은 퇴적암지대로 차강소브라와 비슷하지만, 붉은빛이 두드러져 '불타는 절벽'이라는 의미로 불린다. 비양작은 6~7천만년 전부터 존재했던 곳으로, 몽골자연사박물관에 소장되어 있는 세계 최초의 공룡알 둥지를 발견했고, 100개 이상의 공룡 화석 유적을 발굴했다. 비양작에서는 공룡 유적을 찾아가거나 자유롭게 이 일대를 돌며 관광하면 된다.

비양작

고비 스텝

고비 스텝

고비 사막에는 사막만 있는 것이 아니라 초원 지대도 존재하기에 모래와 초원의 조화로운 풍경은 물론 일부 지역에는 늪도 자리하고 있어 다양한 환경을 체험하기 좋다. 이런 고비 사막의 훼손에 심각한 문제성을 인식한 몽골은 환경의 중요성을 강조하기 위해 고비 사막 체험 관광상품을 출시했다. 관광객은 몽골의 전통 가옥인 게르에서 숙박할 수 있다.

고비 사막에서는 낙타와 말을 타고 이동하는 친환경 관광을 추구한다. 더불어 유목민 집에 배달하는 우유, 마유주, 아롤 등 몽골 고유의 음식인 유제품을 시식하며 몽골의 식습관을 체험할 수 있다. 맨발로 사막 걷기, 모래썰매, 사막 낙타 트레킹, 승마 등 다양한 액티비티는 물론 밤하늘의 별을 감상하는 사막 야영도 프로그램에 포함되어 있다.

낙타 트레킹

코치 투어

몽골의 고비 사막관광은 잘 보존된 자연환경과 생태에 관심 있는 관광객들에게 몽골을 매력적인 관광지로 만드는 역할을 하고 있다. 또한, 몽골 고유의 문화와 자연의 아름다움을 관광객에게 경험하게 하는 동시에 지역 사회 지원을 통해 보전 노력을 촉진하게 한다. 이처럼 몽골의 고비 사막관광은 지역 관광산업에 긍정적으로 기여하는 동시에 관광객에게는 매혹적인 지역을 탐험하는 기회를 제공하고 있다.

03 고비 사막 여행 계획 세우기

고비 사막을 여행할 때 가장 먼저 고려할 것은 자유여행으로 할 것인지 패키지를 이용하여 여행할지를 결정해야 한다. 고비 사막은 이동하는 거리가 멀기도 하지만 여행지마다 거리가 너무 멀기 때문에 자유여행이 어려운 곳이기에 패키지 여행을 하는 것을 권한다.

고비 사막 여행은 테렐지를 지나서 가기 때문에 테렐지 여행 후 고비 사막 여행을 가는 것이 좋다. 고비 사막만 여행하는 데는 4박 5일 정도가 적당하며, 사막을 더 보고 싶다면 5박 6일 정도가 적당하다. 패키지 여행으로 이동하는 4박 5일 일정표를 짜보면 다음과 같다.

<표-6> 고비 사막 여행 일정표

일차	시간	활동
1일차	08:00	울란바타르 출발
	12:00	점심식사
	16:00	차강소브라가 도착 및 관광
	18:00	숙소 도착 및 저녁식사
	22:00	취침
2일차	08:00	기상 및 아침식사
	10:00	욜링암으로 출발
	12:00	점심식사

	13:00	욜링암 도착 및 트렉킹
	18:00	저녁식사
	20:00	은하수 관찰
3일차	08:00	기상 및 아침식사
	09:00	홍골린엘스로 출발
	12:00	점심식사
	13:00	홍골린엘스로 도착
	14:00	사막등반, 사막썰매, 낙타체험
	18:00	저녁식사
4일차	08:00	기상 및 아침식사
	09:00	비앙작으로 이동
	12:00	점심식사
	13:00	비앙작 도착
	15:00	비앙작 트렉킹
	18:00	저녁식사
5일차	08:00	기상 및 아침식사
	09:00	울란바타르로 이동
	12:00	점심식사
	18:00	울란바타르 도착
	19:00	저녁식사

제8장
몽골의 전통 문화

01. 몽골의 전통 음악
02. 몽골의 전통 악기
03. 몽골의 전통 공예
04. 몽골의 전통 미술
05. 몽골의 전통 무용
06. 몽골의 전통 의상
07. 몽골의 전통 신앙
08. 몽골의 전통 공연

01 몽골의 전통 음악

　몽골의 전통 음악은 13세기로 거슬러 올라가며, 몽골인들은 중앙아시아 사람들이 사용하는 현악기와 관악기 중 일부를 자신들의 것으로 발전시켰다. 몽골의 전통 음악은 특유의 비트와 고유한 악기를 사용하여 독특한 소리를 내는 것으로 유명하다. 몽골의 전통 음악은 주로 목재나 동물의 뼈 등 자연에서 발견되는 자원을 이용하여 만들어지는 악기와 함께 연주된다.

　몽골은 다양한 유목민의 생활 속에서 각기 나름대로 수세기 동안 보존되어 온 몽골의 전통 음악이 많이 있다. 부족과 민족에 따라서 매우 다양한 음악이 존재하고 20세기 초 몽골 버그드칸국 시대부터 서양 악기가 유입되면서 더욱 풍성해졌다.

　몽골 전통 음악의 주제는 주로 몽골의 역사, 자연, 몽골인의 전통문화, 사냥과 목축 등에 관련된 주제를 다루고 있으며, 전반적으로 고요하고 평온한 분위기와 깊은 감성을 표현한다. 이러한 특징들은 몽골 음악을 독특하고 매력적인 것으로 만들어 준다. 몽골의 전통 음악으로는 오르팅 도와 흐미가 있다.

오르팅 도

　오르팅 도(Long Song; 장가)는 몽골에서 가장 오래된 민요 형식 중 하나다. 오르팅 도는 가사를 길게 늘어뜨려 천천히 부르기 때문에 붙여진 이름이다. 4분 길이의 노래는 10개의 단어로 구성된다. 오르팅 도는 느린 속도와 우아한 멜로디를 특징으로 하며, 가사와 서정적인 내용이 담겨져 있다.

　몽골의 대자연과 광활한 평원을 담은 풍경을 노래로 표현하는 데 주로 사용된다. 오르팅 도는 몽골 만의 전통적인 악기의 반주에 맞추어 몽골 민요를 부르는 것이 특징이다. 이때 가수는 노래를 부르며 목소리의 힘을 조절하며, 독특한 발성 스타일, 부드러운 반주 선율, 단순하고 우아한 선율을 강조하는 것으로 유명하다. 오르팅 도는 몽골인의 피를 타고 흐르는 음악이며 다른 민족과 구별되는 몽골의 독특하면서 상징적 음악이다.

흐미

흐미는 몽골의 전통적인 목소리 첨가음악인 후훙(Hoomii)의 발음이며 한국어로는 흐미라고 한다. '흐' 소리는 몽골어에서 발음되는 목소리 연결음이며, 깊은 숨을 쉬는 듯한 소리이며 '므' 소리는 입을 반쯤 열고, 입술을 약간 둥글게 모아 발음한다. 후훙은 몽골어로 목소리를 두 번 내는 것을 의미한다.

흐미는 몽골 초원에 사는 유목민들의 고유한 창법으로 몽골에서 가장 유명한 음악 스타일 중 하나로 알려져 있다. 흐미는 가수가 목과 배를 사용하여 동시에 여러 음을 내는 독특한 기교로 특징지어진다. 따라서 흐미는 어떤 음을 연속적으로 유지하면서 다른 음을 추가로 생성하고, 서로 다른 음의 조합을 만들어내는 것을 의미한다.

흐미는 사람의 목소리로 산, 강, 바람과 같은 자연의 소리와 동물과 유령들의 목소리를 모방하는 몽골의 신비한 전통 음악적 기법이다. 따라서 흐미를 듣게 되면 몽골 초원 위에 있는 것 같은 환상 속에 빠져드는 것 같은 착각을 느끼게 한다. 흐미를 처음 접하는 외국인들은 신비한 흐미의 창법에 매료되는 경우가 많다. 그래서 흐미 공연단은 전 세계를 순회하면서 관람객에게 몽골 전통 음악의 신비로움을 선사하고 있다. 흐미는 2010년 유네스코에 인류무형문화유산으로 등재됐다. 흐미는 몽골인라고 해서 다 부를 수 있는 것이 아니고 전문가나 몽골 음악가로부터 직접 가르침을 받거나, 몽골 전통 음악 교육 프로그램에 참여하여 발성 기술을 익혀야 부를 수 있다.

02 몽골의 전통 악기

비이바(Бийбаа)

고대 몽골의 4현 악기 중 하나다. 3세기에 비이바로 연주하는 음악은 왕실의 음악이라고 불렸다. 이 악기는 둥근 모양의 비이바와 짧고 뾰족한 줄기와 무딘 타원형 배 모양의 비이바 등 두 가지 유형이 있다. 악기의 윗부분은 뱀가죽을 사용하고 뒷 부분은 레드 마호가니로 제작되었다.

비이바

요칭(Ёочин)

요칭은 현악기로서 중앙아시아에서 처음으로 대중화되었고 10세기에 중국 명나라에 들어왔다. Yochin은 중국어로 중세 이후 여러 나라에서 사용되어 산투르, 심벌즈, 창, 창크, 양금 등 다양한 형태로 발전하였다. 1991년부터 몽골에서는 8, 10, 12모음 줄을 포함하여 6~7가지 유형의 요칭이 사용되었다. 요칭은 단단한 나무로 만들어지며 현은 18개이며 각 현의 현 수는 3~4개이다. 요칭은 두 개의 대나무 막대기가 있고 소음기가 없는 악기로, 땡그랑 울림이 많은 크고 독특한 소리를 낸다. 일반적으로 사다리꼴 모양으로 윗부분이 아랫부분보다 크기가 작다. 현재는 포크 오케스트라에서 독주 또는 반주 역할을 한다.

림베(Лимбэ)

고대 전통 관악기로 섬세하고 독특한 선율로 인해 몽골 민속 음악에 적합하다. 림베는 보통 대나무로 만들었고 후에는 철로 만들었으며 오늘날에는 플라스틱으로 만든다. 구멍 사이의 거리에 따라 림베의 소리는 고유한 색상을 갖는다. 각 림베의 울림 구멍 사이의 거리를 다르게 하여 고유한 음색을 낸다.

요칭　　　　　　　　　　림베

호치르(Хуучир)

호치르는 고대부터 몽골인들이 사용했던 현악기 중 하나로 서양의 바이올린과 비슷하게 생겼다. 고대에는 하나의 현이 있었지만, 나중에는 네 개의 현이 쌍으로 연주되었다. 길이가 80㎝이고 붉은 마호가니와 흑단으로 만들어졌다. 호치르는 몽골 민요와 찬송가에 적합하며 몽골 민속 오케스트라에서 중요한 역할을 한다. 고대 악기는 뱀 가죽으로 덮여 있다.

구금(Хэл хуур)

구금은 디자인은 심플하지만, 다양한 소리를 낼 수 있으며 특유의 우아한 톤을 가지고 있는 악기다. 2000년의 역사를 가지고 있으며 본래의 형태를 그대로 유지하고 있다. 현대 하모니카와 비슷하지만, 하모니카는 불어서 소리를 내지만 구금은 물체의 진동에 의해서 소리를 낸다. 샤머니즘에서 영혼을 부를 때 많이 사용한다. 구금은 뼈, 금속, 대나무로 만들며, 만들기는 간단하지만, 소리가 독특하고 연주법을 배우기 쉽다. 구금의 기원은 알 수 없으나 3~1세기 훈족이 사용했음을 증명하는 뼈로 만든 구금이 무덤에서 발견되었다.

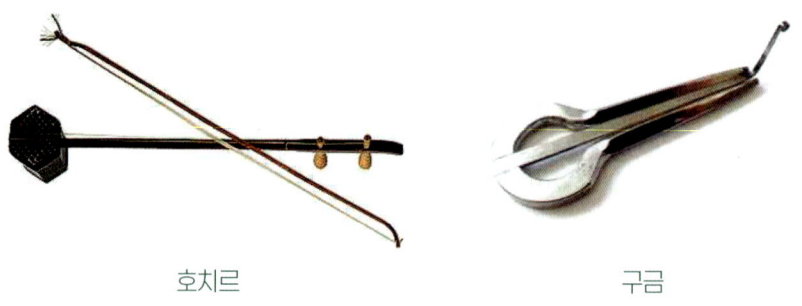

호치르   구금

야탁(Ятга)

유럽의 하프와 유사한 고대 몽골 현악기의 일종이다. 3세기에 훈족은 쿵후와 후쿤후라는 두 가지 유형의 악기를 사용하였으며, 몽골 역사 자료에 따르면 몽골에는 13세기부터 존재한 것으로 나타났다. 1270년대 쿠빌라이칸 시대에서 국악을 연주할 때 사용하기 시작하였으며, 현재는 불교 회중에서 하프 음악이 사용되고 있다.

하프는 현과 판자로 이루어진 현악기다. 몽골산 하프는 아름다운 형태와 밝은 색상, 아름다운 장식 등 몽골 민족의 전통적 상징을 접목한 것이 특징이다. 지금의 하프는 길고 곧으며 몸통은 1년 동안 말린 나무로 만들어졌다.

대표적인 종류는 21현식, 소형으로 13현식이 많이 사용된다고 한다. 야탁의 윗면을 페이스라 부르며 13개의 현은 두꺼운 쪽에서 앞쪽으로 당겨지고, 13개의 현은 높은 쪽에서 낮은 쪽으로 일렬로 배치된다. 현재 야탁을 연주하는 방법은 오른손으로 현을 당기는 것이고, 왼손은 현을 눌러 음악을 만든다.

야탁

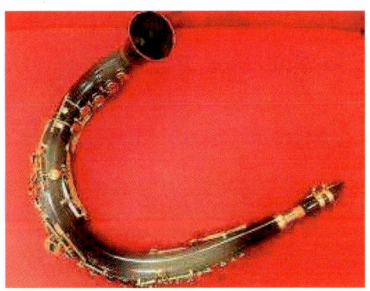
에외르 부레

에외르 부레(Эвэр бүрээ)

에외르 부레는 클라리넷 계열의 몽골 악기다. 원래 염소 뿔과 다른 동물 뿔로 만들어진 원형의 나팔로 다양한 음색을 만들기 위해서 고안되었다. 현재는 검은 흑단으로 만든 거의 원통형의 튜브 악기다. 악기의 바깥쪽에 8개의 괘, 안쪽에 2개의 괘가 있으며, 연주자의 오른팔 아래로 미끄러질 수 있도록 원형으로 구부러져 있다.

마두금(морин хуур)

마두금은 몽골의 전통 현악기로 활줄은 2현을 사용하는 서양의 첼로와 비슷한 악기다. 원어 명칭을 따라서 머링호르라고 일컫기도 한다. 몽골의 음악 문화에서 빼놓을 수 없는 역할을 하는 악기로서, 줄감개 끝에 말머리 장식을 썼다고 하여 마두금이라고 일컬어진다. UNESCO에 의하여 선정된 인류 구전 및 무형유산 걸작 중 하나이기도 하다.

마두금은 주로 13세기 몽골의 왕실 결혼식에서 사용되었으며, 오늘날에는 몽골의 전통 음악에 빠지지 않고 등장하는 악기다. 울림통에는 뱀 가죽, 염소 가죽으로 만들었으며, 활은 대나무로 만들어 현을 부드럽게 당겨서 소리를 만든다.

단일 리드가 있는 마우스피스(일반적으로 색소폰 마우스피스)가 튜브의 상단에 부착된다. 모든 클라리넷과 마찬가지로 스피커 키가 있어 고조파 생성을 용이하게 하여 톤을 12도 높일 수 있다.

마두금

03 몽골의 전통 공예

몽골 공예는 몽골 문화와 예술을 대표하는 중요한 요소로 여겨지며, 전통적인 기술과 디자인을 현대적으로 발전시키며 보존하려는 노력이 이어지고 있다. 몽골의 공예 작품은 예술적인 가치와 동시에 몽골 문화의 풍부한 유산을 나타내는 것으로 평가되고 있다. 몽골의 공예는 다음과 같다.

목공예

몽골은 유목민의 생활을 위해서 목공예가 일반화되었다. 유목민들은 스스로 목조 가구, 나무로 만든 그릇, 상자, 장식품 등 다양한 목제품을 제작하였다. 목제품들은 나무를 조각하고 연마하여 곡선적인 패턴이나 동물 모양, 기하학적인 문양을 새겨 넣는다. 특히 목조 가구는 몽공 유목민의 삶의 역사를 담고 있는 소중한 문화유산이다.

목공예 가구

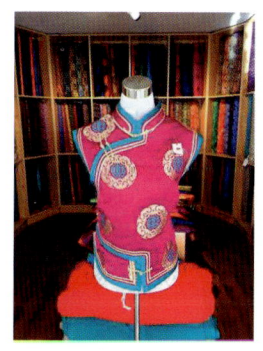

비단 공예

비단 공예

몽골은 비단 공예로 유명하다. 몽골의 비단은 매우 고급이며, 비단을 사용하여 의상, 가방, 베개 커버, 테이블보 등을 만든다. 비단에는 전통적인 몽골 문양과 동물, 꽃, 민속적인 요소 등이 자주 사용된다.

가죽공예

몽골은 오래전부터 유목 생활을 하였기 때문에 가죽이 풍부하게 생산되었다. 따라서 가죽공예는 몽골인들이 오랜 전통을 가지고 있는 공예다. 가죽을 사용하여 가방, 지갑, 신발, 목줄, 칼집, 부츠 등을 만든다. 가죽에는 동물 모양, 기하학적 문양, 전통적인 캐릭터 등을 새기거나 자수로 장식한다.

가죽 공예품

철 공예품

철공예

몽골인들은 철 공예에도 뛰어나다. 철을 사용하여 칼, 단도, 방패, 장식품 등을 만들어 낸다. 철을 다듬고, 구부리고, 용접하여 다양한 모양과 패턴을 만들어 낸다. 전통적인 몽골 문양이나 전사적인 요소들이 철 공예 작품에서 자주 볼 수 있다.

펠트 공예

몽골에서는 양모가 풍부하기에 오래전부터 펠트(Felt) 공예가 발달하였다. 펠트는 양모를 압축하여 만든 직물로, 몽골의 추운 겨울에 따뜻함을 제공하는 중요한 소재이다. 펠트로는 모자, 장갑, 슬리퍼, 가방, 벽걸이 등 다양한 제품을 만든다. 펠트에는 전통적인 몽골 문양이나 동물 모양이 자주 사용된다.

가죽 공예품

천연 염색 공예품

천연 염색 공예

몽골에서는 천연 염료를 사용하여 직물을 염색하는 전통적인 염료 공예가 발달되어 있다. 주로 식물, 껍질, 꽃, 뿌리 등에서 추출한 염료를 사용하여 직물이나 비단에 색을 입히는 기술이 일찍부터 발달하였다. 이를 통해 풍부한 색상과 독특한 패턴이 담긴 지문 작품을 만들어 내고 있다.

04 몽골의 전통 미술

사찰 미술

몽골은 티베트 불교의 영향을 받았기 때문에 사찰을 치장하는 미술이 매우 발달하였다. 사찰 미술은 사원과 수도원의 벽화, 건축, 불교에서 사용하는 도구 등 다양한 형태로 나타난다. 주요 주제로는 불교 신앙, 신화, 천국, 지옥, 신령 등이 다루어지며, 밝고 화려한 색상과 섬세한 디테일이 특징이다.

사찰 미술

궁궐 미술

궁궐 미술

몽골 역사에서 궁궐 미술은 중요한 위치를 차지한다. 궁궐 미술은 벽화, 건축, 조각, 공예품, 장식품 등 다양한 형태로 나타난다. 그림과 패턴은 국왕, 왕비, 궁궐 생활, 전투, 사냥 등 궁궐과 왕실의 일상생활과 업적을 묘사하고 있다.

전통 회화

전통 회화는 몽골의 미술에서 중요한 부분을 차지하며, 많은 테마와 스타일을 포괄한다. 전통 회화는 주로 캔버스에 수채물감이나 유채물감을 사용하여 그려지며, 몽골 문화, 전설, 자연, 동물 등을 다루는 다양한 작품이 있다. 몽골 회화는 강렬한 색상, 대담한 표현, 상징적인 요소 등이 특징이다.

전통 회화

현대 미술

현대 미술

몽골의 미술은 전통과 현대를 결합한 현대 미술 작품도 발전하고 있다. 현대 몽골 미술가들은 전통적인 주제와 기법을 현대적인 관점에서 재해석하여 표현하기도 하고, 사회, 정치, 환경 등 다양한 주제를 다루는 작품을 창작하고 있다. 회화, 조각, 설치 미술 등 다양한 매체와 형식을 통해 현대 몽골의 정체성과 문제를 탐구하는 작품들이 등장하고 있다.

05 몽골의 전통 무용

몽골 전통 무용은 몽골 문화와 예술의 중요한 부분이다. 고대 몽골에서는 전사들이 전투 기술과 민속문화를 보여주기 위해 춤을 추었으며, 이후 불교의 도입과 함께 불교 의례와 관련된 무용이 발전했다. 몽골 무용은 기후, 땅, 가축 등 몽골의 자연 환경과 민족적 특성을 반영하고 있다. 그리고 몽골 전통 무용은 몽골의 전쟁 영웅들과 그들의 사무치는 삶을 표현한 것이 많다. 이러한 전통 무용은 군인들의 전투 동작과 특징적인 움직임을 갖고 있으며, 춤과 음악, 의상, 소품 등이 조화롭게 결합된다.

몽골의 전통 무용

몽골의 전통 무용 중 대표적인 민속 무용으로는 비옐게(Biyelgee)가 있는데, 몽골의 허브드(Khovd) 주와 오브스(Uvs) 주에 거주하는 여러 부족의 무용수들이 추는 춤이다. 비옐게는 몽골의 민족 무용의 원형으로 간주되며, 유목민의 생활 방식에서 유래하여 그 생활을 표현한 예술이다. 비옐게는 보통 게르 안의 좁은 공간에서 추는 춤으로, 반쯤 앉거나 책상다리를 한 채 공연한다. 손·어깨·다리의 움직임으로 가사 노동, 풍습, 전통, 여러 부족 집단과 관련 있는 신앙의 특징 등 다양한 몽골의 생활 방식을 표현한다.

비옐게

비옐게의 무용수는 각 부족과 지역사회의 특징적인 색상 조합, 아름다운 무늬, 자수, 뜨개질, 퀼트, 가죽 공예 등이 어우러진 의상과 장신구, 그리고 금은보석으로 치장한다. 이들 춤은 잔치·축하행사·결혼식·단체노동 등과 같은 가정 및 부족 사회의 행사에서 중요한 역할을 하며, 부족의 정체성을 표현하는 동시에 가족의 단결과 몽골의 다양한 부족 사이의 상호 이해를 증진시킨다.

전통적으로 비옐게는 스승과 제자 사이에서, 또는 가정·가문·이웃 내에서 가정교육을 통해 젊은 세대에게 전승된다. 비옐게는 예술적 가치를 인정 받아 2009년 유네스코 무형 유산으로 등록되었으나 오늘날 비옐게의 전승자는 대다수가 노인들이며, 연행자이 수는 점점 줄어들고 있다. 그리고 여리 부족 집단을 대표하는 서로 다른 비옐게 형태의 무용들이 사라져가 거의 남아 있지 않기 때문에 비옐게 고유의 다양성도 위기에 처해 있다.

이외에도 몽골에는 여성들이 추는 지난춤(우유춤), 채홍춤(무지개춤), 중완춤(그릇춤), 콰이지춤(젓가락춤), 안다이춤 등이 있다.

06 몽골의 전통 의상

몽골 전통 복장은 수세기에 걸친 풍부한 역사를 반영하고 있으며, 몽골인의 생활 방식을 알 수 있도록 도와준다. 몽골 전통 복장은 기원전 3세기부터 흉노족이 입었던 복장과 거의 같은 형태를 유지하고 있다. 흉노족의 전통 복장은 왼쪽을 여미는 깃이 있는 긴 옷을 입었으며, 코가 있는 가죽 신발을 신었으며, 허리띠를 매고, 머리에는 비와 바람을 막기 위해서 모자를 쓰는 특징을 가지고 있었다.

흉노족의 복장

원나라의 복장

원제국 때에는 국가적으로 귀족, 병사, 평민의 복장을 규정한 의상 규례가 있는 것으로 보아 신분이나 직업에 따라 복장의 형태나 색깔이 달랐다는 것을 알 수 있다. 17세기에 들어와 청나라의 지배를 받으면서 만주족의 의상이 몽골에 큰 영향을 주었다. 당시 복장의 특징을 보면 원나라 때보다 계급에 따른 의상이 다양해지면서 화려해졌다.

　황제는 용문양의 황금색 옷을 입었으며, 귀족들은 노란색의 짧은 겉옷을 입었고, 그 다음 계급은 붉은색 겉옷, 그 이하는 검은 겉옷을 입었다. 그리고 승려는 노란색 계통의 옷을 입었으며, 나이에 따라서 젊은 사람들은 화려한 색깔을 입었으며 나이 든 사람들은 수수한 색의 옷을 입었다. 따라서 당시에는 옷의 색깔만 보고도 그 사람의 지위나 직업을 알 수 있었다.

　이러한 복장 양식은 크게 변하지 않고 유지되어 오다 근대화가 되면서 서구의 옷이 들어옴에 따라 현재는 서구의 간편복을 가장 많이 입고 있다.

　몽골의 전통 복장은 용도에 따라서 말을 탈 때 입는 복장, 집에서 입는 복장, 축제에서 춤을 출 때 입는 복장 등 다양하다. 또한 기후, 환경, 계절, 직업, 민족의 특징 등에 따라 다양한 복장이 있다.

　몽골인들의 복장 형태에 가장 큰 영향을 준 것은 유목 생활로 간편한 구조로 빠르게 입을 수 있도록 자루 모양의 형태가 된 것이다. 짧은 여름의 더위를 견디기 위해서는 가벼운 면과 실크로 시원해야 했으며, 긴 겨울에는 극심한 추위를 견디기 위하여 보온성이 뛰어난 소재와 형태를 갖추고 있다.

델

델은 몽골의 전통적인 의상으로, 몽골인들이 주로 겨울철에 입는 겉옷이다. 이 의상은 남성과 여성이 같이 착용할 수 있으며, 남성들의 몽골 전통문화와 정체성을 나타내는 옷이다.

델은 한 장의 천으로 만들어진 헐렁한 자루 같은 옷이다. 오른쪽으로 여밀 수 있도록 단추가 있으며, 긴 소매가 특징이다. 이는 몽골 전통문화에서 좌측을 사회적으로 부정적인 위치로 여기는 관행 때문이다. 델의 단추는 돌, 청동, 은, 금을 고급스럽게 장식용으로 만들어 달았으며, 복잡하게 묶인 좁은 천 매듭으로 만들어 수를 놓는다. 델은 넓은 턱과 카라를 가지고 있어 추운 날씨에 얼굴과 목을 보호하는 역할을 한다. 이러한 디자인은 실용성과 보호 기능을 갖추고 있다.

몽골의 전통 복장 델

카다

하닥

하닥(Khadag)은 몽골 전통 복장을 입을 때 함께 사용되는 의례적인 천을 말한다. 이는 몽골인들의 종교적, 정신적인 표현이며, 축제, 결혼식, 예식 등의 특별한 행사나 의식에서 사용된다. 하닥은 몽골어로 흰 것이라는 의미를 가지고 있다.

주로 흰색으로 만들어지며, 양털이나 비단과 같은 고급스러운 소재로 제작된다. 흰색은 몽골 문화에서 순수성, 깨끗함, 건강, 평화 등을 상징하는 색상으로 여겨지기 때문에 하닥에 사용된다.

모자

몽골 전통 복장의 가장 화려하고 독창적인 항목 중 하나는 전통적인 모자(Malgai)이다. 몽골의 머리 장식은 모양과 목적에 따라 달랐으며, 젊은이와 노인, 여름과 겨울, 남성과 여성, 휴일과 일상 등에 따라 매우 다양한 모자가 있었다. 모자의 패션과 테두리 장식과 색상은 자신의 사회적 지위, 입는 사람의 성별이나 자신이 속한 부족이나 국적에 따라 다양해서 400가지 스타일이 있다.

- **힐렌 말가이**

일반적으로 여름에는 중년의 여성과 남성은 벨벳으로 만든 뒤집힌 챙과 양단으로 된 힐렌 말가이(Хилэн малгай)를 착용했다. 남성용 벨벳 모자는 여성용 모자보다 덜 장식적이며 모자 표면과 일치하는 파란색으로 바늘로 감싼 둥근 테두리의 양 뿔로 만든 낮은 봉우리를 가지고 있다. 여성용 벨벳 모자는 네 개의 뾰족한 코와 뿔, 양, 은장식으로 장식되어 있고 양탄자는 검은색 벨벳으로 덮여 있다.

힐렌 말가이

터르척

- **터르척**

터르척(Тоорцог)은 몽골의 전통 모자로서 여름에 몽골인들이 즐겨 쓰는 모자다. 6개의 삼각 천을 꿰매어 만들며, 상부와 하부로 구성되어 있다. 현재는 씨름 선수들이 착용하고 있으며, 여성용은 모자 뒤에 긴 술을 달아 장식하였다.

- **로우부즈**

로우부즈(Лоовууз)는 주로 추운 계절에 착용하며 쉽게 만들 수 있다. 모자는 겉색, 속색, 머리카락, 챙으로 구성되어 있다. 여우, 양, 담비, 양털 등 동물의 털을 사용하여 만들어 보온 효과가 탁월한 모자다. 모자의 안에는 비단으로 만든 한 겹 또는 두 겹의 테두리로 장식하고 뒷면에는 상서로운 문양으로 장식하였다.

로우부즈

고고관

- **고고관**

기혼 여성은 모자를 착용할 수 없었으나 상류층 여성들은 고고관(Gugu hat)이라는 높은 원추형 모자를 착용할 수 있었다. 명절 때 착용하는 독창적이고 장식이 풍성한 여성용 모자도 있는데 이것은 실크와 벨벳 모자로, 모자의 아래쪽 부분은 벨벳으로, 위쪽 부분은 빨간 실크로 만든 완벽한 세트로 구성되었다. 모자는 산호, 진주 및 자개로 덮여 있고, 작은 은방울을 가진 장식물이 모자에 고정된다.

- **부츠**

몽골의 부츠는 매우 독특한 모양과 문양을 가지고 있다. 부츠는 추운 겨울철에 발의 보온을 위하여 동물의 가죽을 이용하여 발을 싸던 것이 발전한 것이다. 부츠의 앞부분이 위로 굽어져 있으며, 이러한 파격적인 형태는 종교적인 이유나, 말을 탈 때 기수의 발이 말의 등자 밖으로 빠져나가는 것을 막아 주기 위해서였다고 한다. 끈이나 지퍼가 없어서, 쉽고 빠르게 벗거나 신을 수 있으며, 튼튼한 가죽으로 되어 있어서 보온과 발을 보호하는 데 유용하였다. 반면에 부츠의 가죽이 너무 두껍고 뻣뻣해서 부츠를 신고 걷기가 불편하다. 겨울에는 발의 보온을 위하여 우리나라의 버선과 같이 생긴 두꺼운 펠트 양말을 신고 부츠를 신으며, 여름에는 양말을 신지 않는다.

몽골의 전통 부츠

머리 장식

머리 장식

몽골 여성의 머리 장식은 16세기까지 거슬러 올라간다. 몽골에는 20개 이상의 주요 씨족과 부족이 있으며, 각 부족은 고유한 의상과 장신구 디자인을 가지고 있다. 16세기 이후 몽골 여성들은 문양이 있는 순백의 은 장신구를 머리에 많이 장식했다. 당시 아내가 착용한 복고 목걸이는 집주인의 지위를 나타내므로 부자일수록 정교한 장신구를 사용했다.

몽골 여성은 남편과 결혼할 때 현지 관습에 따라 머리를 두 가닥으로 땋고 머리 장신구로 장식한다. 머리 중앙에 은색 머리핀을, 앞쪽에는 타원형 머리핀을 착용한다. 머리에는 모식이 박힌 은관을 이마에 씌우고 그 위에 모자를 쓴다. 6~8개의 은색 클립을 양쪽으로 늘어뜨린 머리카락의 중앙에 놓고, 머리카락이 꽂힐 교차점에 타원형 클립을 장대나 은색 머리에 꽂는다. 여성의 지위와 가문은 그들이 입는 의복과 머리 장식에 의해 알 수 있었다.

07 몽골의 전통 신앙

고대 몽골인들은 자연, 동물, 사물 등 모든 것에 영혼이 존재한다고 믿었다. 이 개념은 사람의 영혼뿐만 아니라 자연 현상, 사물, 동물, 식물 등 모든 것이 생명력과 의식을 가진다고 여기는 것으로 애니미즘(Animism)이라고 한다.

애니미즘은 세계 각 지역에서 발전한 고대적인 신앙 체계 중 하나로, 원시 종교의 일부로 여겨지기도 한다. 많은 문화와 국가에서 애니미즘의 영향을 받았으며, 고대 몽골에서도 쉽게 찾아볼 수 있다.

몽골인들은 대지, 나무, 돌, 강, 바람 등 자연 요소들에게 영혼과 신성성을 부여하였다. 그래서 산과 숲, 강과 호수, 들판과 초원, 그리고 다양한 동식물에 대한 숭배와 존경을 실천하였다. 이러한 애니미즘은 몽골인들에게 자연과의 깊은 연결과 조화를 강조하며, 그들의 삶과 신앙 체계에 깊은 영향을 미치게 되었다.

오보

몽골에서 돌무더기를 쌓아놓은 것을 오보(овоо)라고 한다. 오보는 우리나의 서낭당 같은 곳으로 몽골어로 돌무더기를 의미하며, 주로 특정 장소나 사각지대에 돌을 쌓아 두는 전통적인 행위이다. 오보는 몽골인들 사이에서 공감과 존경의 표시로 여겨지며, 다양한 의미와 용도를 갖고 있으며, 몽골 전역에서 쉽게 볼 수 있다.

오보는 주로 자연환경에서 발견되며, 산 정상, 지나치는 길, 유적지 등 다양한 장소에 만들어진다. 오보를 만들 때는 돌을 하나씩 쌓아 올려 높은 탑 형태로 구성하며, 돌 사이에는 작은 돌이나 나뭇가지 등을 채워서 견고하게 만든다. 오보는 지역마다 다양한 형태로 만들어지며, 돌로만 쌓은 것도 오보, 제단을 쌓고 그 위에 돌무덤을 만든 오보, 깃발이나 천으로 장식한 오보, 탑 모양으로 쌓은 오보, 사각형 오보, 원형 오보 등이 있다.

오보

샤먼

샤머니즘

몽골의 샤머니즘은 신석기 시대부터 숭배되어 온 아주 오래된 관습이었다. 신석기인들은 그들의 삶과 자연 현상이 어떤 위대한 숨겨진 힘에 달려 있다고 생각하기 시작했다. 샤머니즘의 최고 우상은 하늘이며, 하늘은 인간 생활의 환경인 땅, 흙, 물, 식물, 동물, 자연 현상, 조상의 행위를 은밀히 감시하고 보호하는 주신으로 여겨진다. 이 개념은 하늘과 땅을 숭배하는 무속 의식을 낳았다.

인석

인석(人石)은 사람의 형상으로 만든 석조물을 말한다. 인류는 기원전 4,000년경부터 중세에 이르기까지 돌비석을 만들어 온 것으로 추정된다. 몽골에는 우상으로 숭배하는 많은 수의 인석이 발견되었다.

투루크계의 인석

몽골계의 인석

08 몽골의 전통 공연

몽골 여행에서 꼭 가봐야 할 곳이 바로 몽골 전통 공연장이다. 몽골 전통 공연장에서는 몽골의 전통 음악인 오르팅 도와 흐미, 몽골의 전통 의상, 몽골의 전통 무용, 몽골의 역사를 전부 볼 수 있다. 울란바타르에는 몽골 전통 공연장이 여러 곳이 있는데 그중에서 수하바타르 광장 옆에 있는 주립 오페라 발레 예술극장의 공연과 간담 사원 옆에 있는 간잠 팔레스(Ganzam palace)의 전통 공연이 볼만하다.

주립 오페라 발레 예술극장의 전통 공연은 높은 예술성을 가지고 있으며, 몽골의 대표하는 배우들에 의해서 진행되다 보니 예술적인 측면이 매우 강조된다. 간잠 팔레스는 꼭 봐야 할 몽골의 전통문화로 쉽게 이해할 수 있도록 공연을 하고 있다. 두 공연장의 입장료는 5만 투그릭이며, 공연 시간은 1시간 30분이다.

간잠 팔레스

주립 오페라 발레 예술극장

간잠 팔레스 공연 내용은 다음과 같다.

- 몽골 존경의 무용(몽골 옛 귀족들의 인사, 존경, 예절을 주제로 한 무용)
- 몽골 전통 오르팅 도(몽골 국민들이 가장 좋아하는 노래)
- 마두금 연주(두 현악기로 몽골의 대표적인 악기)
- 흐미(입 또는 목소리로 연주하는 예술)
- 탈춤(몽골 불교의 전통 민속 무용)
- 컨토션(서커스의 일부)
- 몽골 여왕들의 전통 의상 패션쇼
- 샤먼 춤(하늘과 땅, 자연을 숭배하는 예배를 주제로 한 춤)
- 찬미(자연을 찬미하여 노래)
- 비엘게춤(유네스코 문화재로 지정받은 전통춤)

전통 공연 장면

제9장
몽골의 축제

01. 나담 축제
02. 양 축제
03. 유목민 축제
04. 야크 축제
05. 얼음 축제

01 나담 축제

    나담(наадам)은 몽골어로 축제라는 뜻이다. 몽골어로는 국가 공휴일 축제(Үндэсний их баяр наадам)라고 한다. 나담은 몽골에서 가장 크고 중요한 축제 중 하나로 매년 몽골 혁명기념일인 7월 11일부터 13일까지 열리며, 몽골 전역에서 광범위하게 축하한다. 2010년에 나담 축제가 '몽골의 전통축제 나담'이라는 이름으로 유네스코 인류무형문화유산 대표목록에 등재되었다.

    나담 축제는 몽골 전역에서 마을마다 마을의 규모에 따라 크고 작은 규모로 개최하는데 수도 울란바타르의 나담 축제가 가장 규모가 크고 유명하다. 나담 축제는 중국의 내몽골 자치구, 러시아의 부랴티야 공화국 등 몽골인이 있는 곳이라면 어디서든 열린다.

    몽골의 나담 축제는 중앙아시아의 광대한 초원에서 오랫동안 유목 생활을 해온 몽골의 유목문화와 깊은 관계가 있다. 유목민의 삶에서 중요한 가축들의 성장과 풍요를 기원하는 종교적 의미와 힘과 기술을 겨루는 경기를 통해 병사를 모집하고 훈련시키는 군사적 의미를 지닌 행사였다.

나담 축제 개막식

그러나 오늘날에는 몽골의 오랜 역사와 전통을 되새기고 스포츠 경기로 전 국민을 단결시킨다는 정치적 의미가 강조된 행사로 그 성격이 변했다. 나담 축제 기간에는 구비문학·공연 예술·민족 음식·공예, 그리고 우르틴 두(長歌), 흐미 (Khöömei, '회메이'라고도 함) 창법, 비에 비엘게(bie biyelgee) 춤, 현악기 모린 후르(morin khuur) 연주 등 여러 가지 문화 형식이 모두 선보인다. 그리고 몽골 씨름, 활쏘기, 말 경주 등 세 가지 전통적인 스포츠를 한다. 또한, 전통 음악, 댄스, 음식 등 다양한 문화 행사와 함께 나담 축제 전날에는 현지인들의 전통의 상을 입은 사람들이 모여 축제를 즐긴다.

나담 경기장에서는 기마병 입장식과 함께 대통령이 직접 참석하여 개막식 행사를 한다. 이후 축제를 축하하는 전통 공연을 하며, 개막식이 끝나면 바로 활쏘기와 씨름 경기를 한다. 이후 씨름 경기가 토너먼트 방식으로 2일간 진행되고 우승자에 대한 시상식으로 나담 축제는 끝난다.

나담 축제는 몽골 기마병과 전통 복식을 갖춰 입은 주민들의 행진으로 시작되며, 화려한 복장과 공연을 볼 수 있다. 열띤 스포츠 경기 외에 몽골 전통 음악 공연, 아이락이나 호쇼르 같은 몽골 요리와 공예품 판매 등이 함께 이루어져 몽골의 전통과 문화가 집약된 축제라고 할 수 있다. 경기는 승마, 활쏘기, 부흐 (몽골식 씨름) 대회 등이 열린다.

씨름 경기와 전통 공연

메인 경기장은 울란바타르 수흐바타르 광장에서 남쪽 2km 거리에 있는데 여기서 활쏘기와 씨름 경기를 하며 말타기는 울란바타르 외곽에서 한다. 말 경주는 코스가 길기문에 출발할 때와 마지막 골인하는 모습을 볼 수 있다. 말 경주장을 가기 위해서 메인 경기장에서 울란바타르 외곽의 초원까지 셔틀버스를 운행한다. 말 경주나 활쏘기 대회 관람은 무료지만 개폐회식과 씨름 경기는 티켓을 사야 한다. 나담 축제 티켓 구매자는 enaadam.mn에서 사전 등록을 하면 축제 티켓을 받을 수 있으며, 한 사람당 티켓 두 장만 구매가 가능하다.

티켓 가격은 그늘이 있는 자리는 52,500투그릭, 그늘이 없는 자리는 42,000투그릭에 판매된다. 나담 축제 일정은 7월 11일 개막식, 7월 12일 씨름 경기, 12일 폐막식 등 축제 당일 축제 행사 관람을 위한 패키지 가격이다. 지방에서 열린 나담 축제는 입장료가 없이 개막식과 모든 축제 행사를 참관할 수 있으며 체험할 수 있다. 객석이 한정되어 있는 데 반해 축제를 참관하려는 국민이(수요가) 많아서 축제가 열리기 전 사전 예매에서 이미 입장권이 매진되는 경우가 많다. 이로 인해 암표상들이 기존 입장권 가격의 4배까지 비싸게 판매를 한다.

말타기 경주   활쏘기

나담 축제는 몽골 전역에서 매년 열리는 축제이고, 특히 울란바타르에서 개최되는 나담 축제는 매년 비슷한 일정으로 진행된다.

2023년 나담 축제의 주요 일정을 보면 다음과 같다.

<표-7> 2023년 나담 축제 일정

날짜	시간	내용	장소
7월 09일	10:00-18:00	몽골 전통의상 입기 행사 아이막별 전통의상 행진	수흐바타르 광장
7월 10일	10:00-10:30	몽골 국기 의식 행렬	
	14:00-14:30	칭기즈칸 동상과 수흐바타르 동상에 헌화식	
	15:00-14:30	나담 축제 기념 콘서트	
	19:00-19:10	국기 게양식	
	21:00-23:00	국가 명예 콘서트	
7월 11일	11:20-12:40	나담 축제 개막식	나담 경기장
	13:00-15:00	말타기 경주와 씨름 경기 활쏘기 대회	
	20:00-22:00	나담 축제 기념 콘서트	수흐바타르 광장
7월 12일	13:00-17:30	씨름 경기	나담 경기장
	17:00-18:00	폐막식	

02 양 축제

　몽골은 유목민족으로서 많은 양을 목축하는 것으로 유명하다. 몽골인들은 양에게 깊은 존경과 감사를 표현하기 위해 매년 양 축제를 개최한다. 몽골 전역의 양목장에서 이루어지며, 지역에 따라 개최되는 날짜와 행사 규모 등에 차이가 있다.

　양의 건강과 번영을 기원하며, 양에 대한 의식과 제사가 거행된다. 또한, 양과 관련된 경주와 경기, 문화 공연 등의 행사가 열린다. 전통 행사로는 전통 펠트 만들기, 차 시음, 양털 깍기, 낙타 털실 잣기, 양 사육, 양 묶기, 좋은 수컷 양 발표 및 선별, 양타기 등의 경기를 한다. 그리고 양을 키우는데 필요한 각종 도구나 양털로 만들어진 각종 기념품을 만들어서 전시한다. 그리고 행사 기간 동안에는 양털을 깎아서 실로 만들어 옷감을 제작하는 과정을 시연하며, 여성 목동들은 유목민들의 기술과 취향과 특성을 잘 나타내는 유제품 만드는 과정을 직접 선보인다. 그리고 자신들이 만든 커드, 치즈, 드릴, 버터 기름, 빵 및 치즈 등의 유제품을 판매한다.

양 축제

03 유목민 축제

　몽골은 전통적인 유목 국가로서 유목민의 전통적인 생활 방식을 기리고 보존하기 위해 매년 9월17일~18일 몽골 유목민 축제를 개최한다. 유목민 축제에서는 몽골식 전통 이동 가옥인 게르에서의 생활, 가축 관리, 몽골 전통 음식 조리 및 및 식사 등의 전통적인 유목 생활을 체험할 수 있다. 또한, 씨름 대회, 승마, 조로 경마, 낙타 경주, 야크 경주, 독수리 공연 등이 열린다. 그리고 몽골 음악 및 댄스 공연, 공예품 전시 등의 다양한 행사가 열린다.
　축제 기간 동안에는 말, 소, 야크 수레를 전시하여 직접 타 볼 수 있는 기회를 제공하며, 펠트 만들기, 발효, 치즈 가공, 활쏘기 등 몽골 전통 가계 기술을 배울 수 있는 기회가 주어진다.

유목민 축제

04 야크 축제

몽골의 알프스라 불릴 정도로 경관이 뛰어난 아르항가이는 산과 초원이 있는 비교적 서늘한 지역으로, 몽골에서 야크를 가장 많이 목축한다. 야크는 티베트와 히말라야 주변, 몽골에서 주로 사육되는 긴 털을 가진 소의 일종이다.

몽골 중부에 위치한 아르항가이에서 야크 축제를 연다. 야크 젖짜기 대회, 미모의 야크 선발 대회, 야크 몰이, 야생 야크 길들이기, 야크 폴로 경기, 야크 타고 오래 버티기 대회 등 다양한 행사로 재미와 이색적인 체험을 할 수 있다.

쇠고기와 거의 비슷하며 버리는 것 없이 모든 부위를 먹을 수 있다. 야크 변은 수거해서 비료나 연료로 쓴다. 야크 똥은 수거해서 비료나 연료로 쓴다. 털의 보온성이 매우 우수하여 야크 가죽, 야크 털 모피는 비싸게 팔린다. 따라서 항가이 지역의 목동들은 자신들의 수입을 늘리기 위하여 고비 사막에서 야크의 개체 수를 늘리는 데 특별한 관심을 기울이고 있으며 지방 당국의 큰 지원을 받고 있다.

2012년부터 지역 목동들은 야크에 대한 관심을 높이고 소득 증가를 위해 몽골 야크 축제를 매년 개최하고 있다. 야크 축제는 항가이 지역의 6개의 솜에서 목동들이 모여 자신들이 키우던 야크를 데리고 와서 각종 생산품을 추출하는 솜씨를 자랑한다.

야크 축제

05 얼음 축제

　얼음 축제는 몽골 북부의 홉스굴호수 국립공원에서 매년 2월초 주말에 열리는 연례행사이다. 얼음 축제는 2000년 몽골인들이 어머니의 바다라고 불리우는 홉스굴 호수를 보호하고 겨울 관광을 발전시키기 위해 홉스굴 특별보호구역의 환경사찰관으로 활동하던 토모르수흐(J. Tömorsukh)의 주도로 10마리의 썰매 말이 이끄는 경주를 시작으로 축제를 개최하였다. 이듬해인 2001년부터는 얼음 축제의 범위가 확대되어 오늘날까지 전통적인 축제로 자리매김 되었고 몽골의 겨울 관광 발전을 위한 중요한 행사로 성장하였다.

　얼음 조각, 얼음 낚시, 빙상 자전거 타기, 스케이트 경기, 개썰매 경기, 얼음 위의 줄다리기 경기, 릴레이 경기, 아버지와 어머니 경기, 말썰매 경주, 지방 뮤지컬 극단 예술가들의 공연, 달라이 맘, 몽골 전통 무속 의식. 위대한 불놀이와 같은 이벤트가 진행된다. 홉스굴호수 국립공원의 얼음 축제는 방문객들에게 겨울의 한복판에서 몽골 자연의 아름다움, 문화 및 전통을 경험할 수 있는 기회를 제공하는 독특하고 흥미로운 행사이다.

얼음 축제

제10장 몽골과 한국과의 관계

01. 여몽전쟁
02. 삼별초의 난
03. 몽골의 사위 국가가 된 고려
04. 여몽연합군의 일본 정벌
05. 탐라 다루가치
06. 몽골과 한국의 외교

01 여몽전쟁

칭기즈칸의 주도하에 몽골제국은 유라시아 대륙을 제패하며 유목민족의 기상을 드높였다. 칭기즈칸은 서역을 정복하자 몽골제국은 중원으로 눈을 돌렸고 1차 목표는 그동안 자신들을 괴롭혔던 여진족의 금나라였다. 몽골은 남송과 연합하여 금나라를 남북으로 공격하니 금나라는 비참하게 멸망했다. 이때 거란 잔당의 일부가 몽골군에 쫓기게 되어 1216년(고종 4년), 고려를 침략했다. 이에 몽골제국은 거란의 잔당들을 소탕하기 위해 고려에 들어왔다. 고려도 거란 잔당 소탕을 위해 군사를 동원, 몽골제국-동진 연합군과 협력하여 강동성에서 거란의 잔당들을 소탕했다.

몽골제국은 이를 계기로 고려에 과중한 공물을 요구했으며 몽골제국의 사신들은 고려에 들어와 권세를 부렸다. 1225년(고종 12년) 몽골제국 사신 저고여(箸告與)가 귀국하던 도중 국경에서 피살당하는 사건이 발생하면서 양국 간의 관계는 점차 험악해졌고, 결국 국교 단절에까지 이르게 되었으며, 몽골제국은 고려에 대한 침략을 시작하면서 여몽전쟁은 시작되었다.

제1차 침략

제1차 침략은 1231년 제2대 오고데이칸은 숙적인 금나라를 치기 위해 배후의 위협을 미리 차단하기를 원했고 살리타이(撒禮塔)에게 군사 30,000명을 주어 고려를 침략했다. 몽골군은 압록강을 넘어 의주·철주 등을 단숨에 함락시키고 남하해 수도 개경을 포위하자 고종은 할 수 없이 강화를 맺었고 제1차 침입은 종료되었다. 이때 몽골군은 철군하는 대신 서경을 비롯한 서북면 지역에 72명의 다루가치를 설치하였으며, 다음 해 도단(都旦)을 개경에 파견하여 내정을 간섭하였다.

제2차 침략

제2차 침략은 고려가 몽골에서 파견한 다루가치에 대하여 항거하고 1232년(고종 19년) 수도를 개경에서 강화도로 옮기고 몽골과의 장기 항전 태세에 돌입하자 이에 분노한 몽골은 살리타이를 다시 내세워 침입했다. 이때 몽골군은 차례로 개경과 남경을 함락시키고 계속 남하하였지만, 해전에 약한 몽골은 강화도를 치지 못하고 고려에 사신을 보내어 항복을 요구했으나 고려는 거부했다. 제2차 침입 때 많은 문화재가 불타 사라졌고, 부인사에 소장되어 있었던 《고려대장경》 초조판(初彫板)이 몽골군에 의해 불타 없어지는 큰 피해를 입었다.

고려 팔만 대장경

살리타이가 전사한 처인성전투

제3차 침략

제3차 침략은 금나라가 1234년에 멸망하자, 몽골제국은 1235년(고종 22년) 남송을 공격하는 길에 탕우타이에게 군사를 주어 고려를 공격하게 했다. 몽골은 4년간에 걸쳐 고려 영토를 초토화시키고 점령했다. 이때 몽골군은 황룡사에 불을 질러 전소시키고 황룡사 대종 등 문화재를 약탈하는 등 막대한 피해를 안겼다. 이때 고려 조정은 부처의 힘을 빌려 난국을 타개하고자 1236년 《팔만대장경》의 제조를 시작했다. 그러나 육지에서의 몽골군의 만행이 극에 달하자 결국 1238년 고려 조정에서 몽골에게 강화를 제의했고, 몽골도 고종의 입조를 조건으로 1239년 철수했다.

제4차 침략

제4차 침략은 오고데이칸(원 태종)의 대를 이어 제3대 구육칸(원 정종)이 즉위한 후, 몽골은 고려가 약속한 입조와 강화도에서의 나오는 것을 지키지 않자 아무칸(阿母侃; 아모간)에게 군사를 주어 고려를 침략했다. 그러나 구육칸이 곧 붕어하고 후계자 문제로 오고데이 가문과 툴루이 가문 사이에 분규가 생겨 고려의 선철군 후입조 제안을 받아들이며 철군했다.

몽케칸

쿠빌라이칸

제5차 침략

제5차 침략은 후계 분쟁이 끝나고 제4대 몽케칸이 즉위한 후, 그는 고려가 약속을 지키지 않은 것을 들어 1253년(고종 40년) 예케(也古)를 시켜 고려를 침공했다. 고려는 전쟁을 각오하고 강화도를 굳게 지키니 몽골은 이를 함락시키지 못하고 돌연 예케가 병을 이유로 귀국했다.

제6차 침략

　제6차 침략은 몽케칸은 왕자의 입조만으로 만족하지 않았고, 국왕의 입조를 요구하면서 1254년(고종 41년) 음력 7월 자랄타이를 원수로 삼고 대군을 지휘하여 고려를 침략하도록 했다. 자랄타이는 전국 각처를 휩쓸고 계속 남하하여 경상도와 전라도까지 침략하였으나 돌연 몽케칸의 명령으로 군을 개경으로 돌이켰다. 그러나 이 짧은 5개월 사이 고려가 입은 피해는 어느 때보다도 심각하여 「고려사」에서 포로가 206,800여 명, 살상자는 부지기수라고 했을 정도였다. 이듬해 몽골은 또다시 자랄타이를 대장으로 삼고, 전라도 전역을 쑥대밭으로 만들고, 갑곶에 집결하여 강도(강화도)에 돌입할 기세를 보였다. 그러자 고려는 사신을 보내 몽케칸을 설득시켜 몽골군은 서경으로 일시 철수했다.

　1259년 8월, 몽골의 몽케칸이 붕어하고 쿠빌라이와 아리크부카 사이의 칸위 계승 전쟁이 벌어질 시점에서, 당시 전쟁을 끝내기 위해 몽골로 향하던 고려의 태자가 이후 새롭게 칸이 될 쿠빌라이를 만나 강화(講和)를 논의하면서 전쟁은 막을 내리게 되었다.

　전쟁이 고려의 전역에서 일어났기 때문에 고려는 수많은 인명피해와 전 국토가 황폐화되는 참담한 피해를 입었다. 그로 인해 고려의 수많은 문화유산인 목조 건물들이 불타 훼손되었다. 고려시대에 지어진 한국 고건축 상당수가 1300년대에 중창된 사실을 비추어 봤을 때 수많은 건축이 큰 타격을 입었음을 알 수 있다.

　세계 최강의 몽골군은 고려의 약 30여년 간의 끈질긴 항쟁으로 6번의 원정 끝에 정복할 수 있었기에 몽골에게 고려는 가장 정복하기 어려운 국가였다. 몽골제국과의 전쟁으로 고려는 유린되었고, 10만명에 가까운 사람들이 포로로 잡혀갔다. 고려의 끈질긴 항쟁으로 몽골의 직접적인 지배를 당하지는 않았지만, 공민왕이 반원 정책을 펼칠 때까지 약 70여년 동안 고려는 몽골의 간섭과 수탈을 받게 되었다.

02 삼별초의 난

고려 원종이 몽골의 침입으로 굴욕적인 강화를 맺고 개경으로 환도하자 강화도에 남아 있던 삼별초는 이에 반발하여 왕명을 따르지 않고 난을 일으켰다. 삼별초는 야별초(夜別抄)의 좌별초(左別抄)·우별초(右別抄)와 신의군(神義軍)으로 구성된 3개의 별초군(別抄軍)을 총칭한 것으로 용맹한 군사를 선발해 조직한 특수한 군대조직을 말한다. 고려 조정이 강화도로 천도한 뒤 대몽항전의 전 시기를 통해 삼별초는 가장 강력한 전투 병력이었다. 삼별초는 강도(江都; 임시 도읍지 강화)를 수비하는 방어의 책임뿐만 아니라, 몽골군의 침입이 있을 때는 본토로 파견되어 몽골군과 싸워 큰 전과를 올렸다.

삼별초의 난은 개경으로 환도하면 삼별초가 해체될 것을 알았기에 장군 배중손(裵仲孫)이 야별초지유 노영희(盧永禧) 등을 설득하고 삼별초를 규합해서 원종을 폐하고, 왕족인 승화후 온(承化侯 溫)을 새 국왕으로 옹립해 1270년 6월 봉기하였다. 그러나 강화도에서 삼별초 정부가 구성되었지만, 조정 대신들 상당수가 육지로 탈출하고 군사들 또한 육지로 빠져나감에 따라 강화도를 지키지 못할 것이라 여겨 삼별초는 거점을 이동할 수밖에 없었다.

삼별초 1,000척의 배에 재물과 자녀를 모두 싣고 영흥도에 정박했다가 진도로 도망갔다. 진도를 새로운 거점으로 정한 것은 우선 개경에서 멀리 떨어져 있어 강화도에 비하여 몽골군의 침입을 수비하기에 훨씬 유리했기 때문이었다. 진도에 입성하여 진도의 용장성(龍藏城)을 근거지로 삼고 자신들이 고려의 정통정부임을 자처하면서 황제 국가를 표방하였고 그 세력을 확대하였다. 합포(마산)·금주(김해)·동래·거제·남해도·나주 등 전라·경상도 연안의 내륙 지역을 점거하였고, 제주도까지 확보하여 전라도·경상도의 조운이 차단되어 정부는 큰 재정적 타격을 입었다.

고려에서는 진도에 사신을 보내 몽골의 조서를 받들고 위로하면서 항복시키려 했지만 거절했다. 결국 고려 조정은 1271년 몽골과 함께 여몽연합군을 편성하여 진압에 나섰지만, 초기에 여몽연합군은 강력한 삼별초의 저항에 고전을 면하지 못했다. 그러나 결국 여몽연합군의 기습 공격에 진도는 9개월 만에 함락되었고 삼별초를 이끌던 장군 배중손은 전사하였으며, 승화후 온 등도 전사하였다.

이에 김통정은 남아 있던 삼별초를 이끌고 탐라도로 향했다. 탐라도에 도착한 삼별초는 항파두리에 항파두성, 애월포에 나무로 쌓은 애월목성, 제주 전제 해안을 300리를 둘러친 환해장성 쌓아 여몽연합군을 대비하였다. 그리고 남해 연해 지역에 대한 제해권을 가지고 주변 지역에 대한 약탈을 하고 고려의 관리와 몽골이군 등에 대한 공격을 계속하여 반정부·반몽골의 성격을 계속 유지하였다.

삼별초의 이동과 항쟁

1273년(원종 14)에 김방경과 홍다구의 여몽연합군이 제주를 공격하였다. 이때 여몽연합군은 병선 160척, 수군·육군 1만명(고려군 6천명, 몽골군 2천명, 명나라군 2천명)이었다. 여몽연합군의 전함이 비양도로부터 삼별초의 진지를 공격해 진압하고, 항파두리의 삼별초 병력을 공격하자 삼별초 병력 대부분이 항복하면서 삼별초를 평정했으며 전세가 뒤집혀 버린다.

김통정은 부하 70여 인을 거느리고 산속으로 도망가 농성을 벌였으나 추격해 온 여몽 연합군을 당해낼 수 없었고 결국 패배를 직감하고는 부하들 전원과 함께 자살함으로써 삼별초의 난은 3년 만에 진압되었다.

삼별초가 쌓은 제주 항파두리 토성

03 몽골의 사위가 된 고려

몽골의 공주와 결혼하여 원나라 황제의 사위가 된 후에야 고려의 왕으로 즉위할 수 있었던 고려왕의 이름 앞에는 '충(忠)'자가 붙여졌다. 왕은 몽골 옷을 입고, 머리 주위를 둥글게 깎아 중앙의 머리만을 땋아 길게 늘어뜨린 변발을 했다. 몽골의 풍습은 상류사회에 먼저 유행하였고 시간이 지나면서 민간에도 깊숙이 침투되어 전통문화도 일부 변질되었다.

원종은 왕권 강화 차원에서 세자를 몽골 공주와 결혼시키려고 쿠빌라이칸에게 제안하였다. 이에 쿠빌라이칸은 고려를 친원화하려는 장기적인 전략으로 딸인 제국대장공주와의 국혼을 허락하여 세자는 쿠빌라이칸의 사위가 되었다. 원종은 쿠빌라이와 사돈 관계가 되자 고려에서 다루가치를 철수하고 동녕부 및 탐라총관부 반환 등 파격적인 요청을 관철시킬 수 있었다.

고려 25대 충렬왕과 1271년 원(元)나라의 제국대 공주 사이에서 태어난 충선왕은 고려에서 몽골계 혈통이 섞인 혼혈 왕이었다. 고려가 원의 지배를 받게 되면서 원 제국은 고려에게 왕자와 실세 귀족의 자제를 인질로 보내서 원에서 숙위(宿衛)의 일을 맡게 하였다. 쿠빌라이칸의 외손자였던 충선왕도 소년 시절 원 조정에 들어가서 고려 국왕 수업을 받으면서 제국의 황제로서 세자 시절부터 부왕인 충렬왕을 능가하는 권력을 누렸다. 충선왕은 원나라에 가 있던 세자 시절에도 만주 일대의 고려인이나 여진족들을 다스리는 심양왕에 임명되었다. 충렬왕이 사망하자 충선왕은 왕위를 계승하여 충선왕과 심양왕이라는 두 개의 왕위 직책을 누렸다.

한편 원나라에 복속되었던 고려 말기에는 고려 여인들을 징발하는 과정을 거쳐 원나라에 공녀로 끌려가는 경우가 잦았다. 공녀 중에 발탁되어 원나라의 마지막 황제인 순제(토곤 테무르)의 황후가 된 기황후(奇 皇后)는 황제에 버금가는 권력을 휘두르면서 실권을 행사한 경우도 있었다.

원나라 황제들의 빈번한 교체로 인하여 충렬·충선·충숙 세 왕이 각각 중간에 한 차례씩 폐위되었다가 복위하였고, 충혜·충목·충정 세 왕은 각각 5년도 채 안 되어 폐위되었다. 1279년 몽골제국은 남송을 멸망시켰지만, 군사력 상실과 황실의 라마교 신봉으로 서서히 국력이 쇠퇴하기 시작했다. 원나라는 1294년 쿠빌라이가 죽은 직후부터 반세기 동안에 황제만도 11명이나 바뀌고, 왕이 없는 상태만도 3~4회씩이나 되풀이되었다.

고려의 마지막 왕이자 고려 개혁 군주로 잘 알려진 공민왕도 전례에 따라 볼모로 원의 연경에 12살 때 가서 약 10년을 연경에서 살았다. 21세 때 원제국의 위왕(魏王)의 노국대장공주와 혼인하면서 간신히 왕위를 계승할 수 있었다. 하지만 공민왕은 원의 내정 상황과 대륙 각지에서 일어난 반란으로 이미 원나라의 몰락을 예견하고 있었다. 공민왕은 즉위하자마자 몽골 풍습 타파와 함께 영토 회복과 국권 회복 운동을 위해 친원 세력 제거와 함께 반원 정책을 가시화하였다. 하지만 노국대장공주가 난산(難産)으로 죽자 아들을 얻지 못한 공민왕은 방황하다 신돈의 첩 반야를 통해 아들을 얻게 되고 그 아들이 훗날 고려 32대 왕인 우왕이다. 결국 공민왕은 시대의 대세를 따라 친명정책으로 전환하면서 명나라로부터 공민(恭愍)이라는 시호를 받으면서 고려에서 몽골제국의 존재감이 완전히 사라지게 되었다.

공민왕

노국대장공주

04 여몽연합군의 일본 정벌

몽골제국의 5대 칸이자 원나라를 개창한 쿠빌라이칸은 1268년 6월 쿠빌라이는 항복하라는 국서를 일본에 전했다. 일본이 이를 무시하자 쿠빌라이는 일본을 공격할 거라고 선언하며 고려에 병선 건조와 군량 비축을 명했다. 이듬해인 1270년에 쿠빌라이는 고려에 일본 침공을 위한 둔전 경략사를 설치했다. 그리고 1272년에는 일본 원정에 방해가 되던 제주도의 삼별초를 토벌했다. 1273년에 쿠빌라이는 삼별초 토벌을 마치고 돌아온 장수들을 모아 일본 원정을 결의했다.

1274년 원나라 홍다구(洪茶丘)는 불과 4개월 만에 군함 900척을 건조해서 원나라군이 2만 5천명, 고려군은 김방경을 대장으로 하여 일본을 공격하였다. 1274년 음력 10월 3일 쓰시마섬을 점령하고 후쿠오카시인 하카타만으로 향해 3개 방면에서 연합군의 대규모 상륙 작전을 개시해 약탈을 하였으며, 일본 양민을 남녀노소를 가리지 않고 학살하여 일본을 공포에 몰아넣었다. 그런데 갑자기 하카타만에 큰 폭풍이 몰아쳤고 이는 여몽연합군에 결정적인 타격을 입혔다. 900척의 군함 중 200여 척이 하룻밤 사이 침몰해 결국 나머지는 철수하였다.

태풍에 막대한 피해를 입게 된 것은 태풍 자체도 매우 강력하기도 하였지만, 급하게 군함을 건조하였기에 배가 약해서 바람에 배끼리 충돌하여 파손되는 피해가 많았다. 일본은 자신들을 위기에서 구해준 이 태풍을 신풍(神風, 가미카제)이라 부르고 2차 세계대전에서 일본군의 자살폭탄 공격을 가미카제 특공대라 하였다.

1279년 3월 쿠빌라이칸 남송에서 3,500척의 배를 징발하여 2차 일본 침공을 명령한다. 1281년 음력 5월 3일, 원정 준비가 끝나자 여몽연합군은 다시 고려 경상도의 합포에서 출발했다. 1차 정벌처럼 쓰시마섬, 이키섬, 후쿠오카를 공격하였지만, 일본은 이미 1차 여몽연합군의 침공 때 많은 교훈을 얻어 방어에 만전을 기했다. 여몽연합군은 상륙했다가 강력한 저항에 많은 피해를 보았다.

더욱이 1차 정벌 때와 같이 다카시마 근해에서 아주 강한 강풍이 불어닥치기 시작해 배들이 서로 충돌하거나 바위에 부딪혀 대부분 침몰하거나 떠내려 가버렸다. 이에 연합군 사령관 훈둔을 비롯한 몽골의 지휘관들은 병사들을 내버려 둔 채 일본에서 달아났으며, 2만 명 가까운 고려군은 거의 대부분이 배를 타고 일본을 탈출하는 데 성공했다. 그러나 이미 육지에 상륙해 있었거나 박살난 배에서 탈출해 살아남은 연합군 인원은 약 10만에 달했다.

일본의 막부군은 주력 함대를 동원하여 대규모 공격을 가하자 굶주림에 오래 버티지 못하고 대부분이 사망했으며 남은 생존자들은 모두 항복하였다. 결국 일본에 남겨진 나머지 몽골 군사들은 전부 포로가 되거나 몰살당했다.

두 번에 걸친 여몽연합군의 일본 원정의 참패는 일본이 잘했다기보다는 바다에 익숙지 않았던 기마민족인 몽골족이 준비도 제대로 하지 않고 바다를 건너 일본을 우습게 보고 침략하려던 욕심이 컸기 때문이다. 한편 원나라가 2차 원정 직전에 설치한 정동행성은 약 76년 후 공민왕이 철폐할 때까지 고려에 남아 사사건건 내정간섭을 일삼는 귀찮은 존재가 되어 고려를 수탈했다. 뿐만 아니라 일본의 대 중국, 대 고려에 대한 악감정을 갖게 하고 대마도가 왜구의 소굴이 되면서 명나라를 괴롭혔으며, 조선 초기까지 왜구들에게 지속적으로 시달림을 당해야 했다. 또한 나중에는 임진왜란의 명분을 주는 등 결과적으로 한국사에 좋지 않은 영향만 끼쳤다.

여몽연합군의 일본 정벌

05 탐라 다루가치

　다루가치는 원나라에서 총독·지사(知事) 등을 지칭한 직명으로 관부의 책임자를 총칭하는 의미로 쓰였다. 다루가치는 지방 행정 관부인 노(路) 또는 부(府)·주현(州縣)에 이르기까지 설치되었다.
　다루가치가 고려에 처음 배치된 것은 1231년(고종 18) 제1차 몽골 침입 때였다. 몽골군에게 개경이 함락될 위험에 처하자 화친을 제의했는데, 이때 몽골군은 철군하는 대신 서경을 비롯한 서북면 지역에 72명의 다루가치를 설치하였다.
　몽골이 탐라를 남송과 일본 정벌의 전초·병참기지로 활용하던 1294년(충렬왕 20) 이전까지, 탐라 다루가치는 고려왕을 압박해 한때 4천 명이나 되는 상당수의 고려군을 탐라 주둔군으로 끌어들일 만큼 막강한 정치적 영향력을 행사했다.
　1276년(충렬왕 2) 탑자적(塔刺赤)이 탐라 다루가치로 부임할 때 몽골말 160필을 가져와 서귀포시 성산읍 수산리 일대에 방목함으로써 원 제국의 14개 국립목장 가운데 하나로 동·서아막(阿幕)을 설립하였다.
　1356년(공민왕 5) 공민왕이 반원 정책을 단행하여 탐라군민만호부와 탐라 다루가치를 폐지하였다. 이에 1374년(공민왕 23년) 목호들은 고려 관리를 살해하고 원나라에 만호부를 설치해 줄 것을 요구하며 반란을 획책하였다. 이에 최영 장군이 공민왕의 명에 따라 2만 5천여 명의 군사를 이끌고 이들을 정벌하자 목호들은 서귀포(西歸浦) 남쪽의 범섬으로 달아났다. 최영장군은 범섬으로 쳐들어가 목호 지도자의 목을 베었으며, 남은 무리들은 양민으로 편입시켰으며, 일부는 범섬의 절벽에서 뛰어내려 자살하였다. 이를 '목호의 난'이라고 한다.

몽골의 목호들 중에 양민으로 편입된 사람들은 성을 새로 만들어 탐라도에 정착하였다. 「신증동국여지승람」에 기록된 조선시대 제주의 성씨 중에서 원나라를 본관으로 삼은 성씨는 조, 이, 석, 초, 강, 정, 장, 송, 주, 진씨 등이 있었으며, 운남(雲南)을 본관으로 삼은 성씨는 양, 안, 당, 대씨 등이 있었다.

　몽골의 영향을 받아 생겨난 음식으로는 아이락, 순다리, 고소리술, 타라크, 오츠, 돔베괴기, 보츠, 말고기육포, 호쇼르, 불떡(만두), 구릴타이슐, , 람사, 고기죽, 슐루, 상애떡 등이 있다.

　우리나라 언어 중에서 몽골어에서 전래된 단어가 500단어 정도이며 제주 방언 중에는 240여 개 단어가 있다. 또한 제주의 상징으로 여기는 돌하르방은 몽골의 훈촐로와 비슷하다. '하르방'의 어원이 몽골어 '하라(망보다, 파수보다)'와 '바라칸(신, 왕)의 합성어로 '하르방'이 수호신의 성격을 갖는다.

훈촐로

돌하르방

06 몽골과 한국의 외교

외교 관계

1990년 3월 26일 수교 이후 1991년 10월 푼살마긴 오치르바트 몽골 초대 대통령이 한국을 방문했다. 한국에서는 1999년 김대중 대통령이 몽골을 방문하여 21세기 상호보완적 협력관계를 설정하였다. 2006년 5월 노무현 대통령이 국빈 자격으로 몽골을 두 번째로 방문하여 선린우호 협력 동반자 관계를 설정하였다.

나차긴 바가반디 몽골 제2대 대통령은 사회주의자였지만 친한파(親韓派)로서, 2001년 2월 국빈 자격으로 방한하여 서강대학교에서 명예 정치학 박사학위를 받았다. 또한 그의 딸이 서강대학교 경제대학원에서 국제경제학을 전공하였다.

2011년 08월 이명박 대통령과 차히아깅 엘베그도르지 몽골 제4대 대통령과 포괄적 동반자 관계를 맺었으며, 2021년 09월 문재인 대통령과 우흐나 후렐수흐 몽골 제6대 대통령과 전략적 동반자 관계를 맺으며 외교 관계를 격상하였다.

협정

몽골과 한국은 꾸준한 교류를 통해 1991년에 경제·과학·기술 협력 관련 협정, 어업 관련 협정, 항공 관련 협정, 문화 관련 협정, 무역 관련 협정 등을 체결하였다. 이어 1992년에는 이중과세를 피하는 협정, 1993년에는 세관 상호 협력에 관한 지원 협정에 이어 1999년 형사 사법 공동협조 조약, 범죄인 인도에 따르는 조약, 체육 분야 협력을 위한 약정, 에너지와 광물 자원 부분의 협력을 위한 협정, 기술 협력 약정 등을 체결하였다.

2012년에는 의료 부분에서 몽골 보건부와 업무 협약을 맺고, 2013년 9월엔 우호 협력 MOU를 체결했다. 2012년 11월에는 양국 간 교통 분야에서의 협력 양해각서를 맺었으며 2013년 9월에는 산림 협력을 체결했다.

수출입

1990년 수교 당시 대략 271만 달러에서 2020년 2억 9천만 달러로 약 107배가 증가하였다. 몽골은 한국에서 주로 자동차, 봉제품 등을 수입하고, 광물, 축산품, 원자재 등을 활발히 수출하였다.

2022년에는 몽골은 한국에 주로 석탄, 금속 및 비금속광물, 방직용 섬유 등을 수출하고, 몽골 전체 수출 비중의 2.2%로 제4위 수출국의 위치를 차지하고 있으며 급속한 성장세를 보이고 있다.

몽골의 수입 4위 국가인 한국에서는 연초류, 화장품, 화물차, 의약품, 중장비, 승용차 등 수송기기와 소비재 품목 등을 수입하고 있다. 특히 최근 몇 년간 화장품, 음료, 주류 등 품목들이 지속적으로 증가세를 보이고 있으며, 유망품목으로 자리를 잡고 있다.

방문

2019년 기준 한국의 전체 등록 몽골인은 48,185명이 넘었으며, 미등록 몽골인의 수까지 더하면 65,699명으로 추산된다. 이로써 한국에 거주한 경험이 있는 몽골인만 25만 명이 넘는 것으로 추산되고 있다.

몽골의 총 인구가 2022년 기준으로 3,457,548명인 것을 고려하면 몽골 전체 인구의 약 2%가 한국에 체류하고 있고, 8% 가까운 몽골인이 한국 생활을 체험하였다.

특히 몽골의 미래하고 할 수 있는 청년층의 한국 유학이 급격히 늘고 있다. 교육부에서 발표한 2020년 교육 기본통계에 따르면 한국 체류 몽골 유학생의 수는 2019년 7,381명으로 중국, 베트남, 우즈베키스탄에 이어 전체 4위에 해당하며 인구 대비로는 단연 몽골이 1위를 차지하고 있을 정도로 많다.

교역·투자

한국의 공식적인 몽골에 대한 투자는 1994년부터 시작되었으며, 2008년에는 6,062만 달러로 최고치를 기록하였다. 2020년 기준으로 한국의 대몽골 직접투자 누적액(1994-2020)은 총 5억 189만 달러였다. 이 중에서 광업투자(26.3%)가 가장 비중이 높고, 그다음은 도소매업(18.6%), 건설업(11.7%), 부동산 및 임대업(11.4%) 등의 순이다.

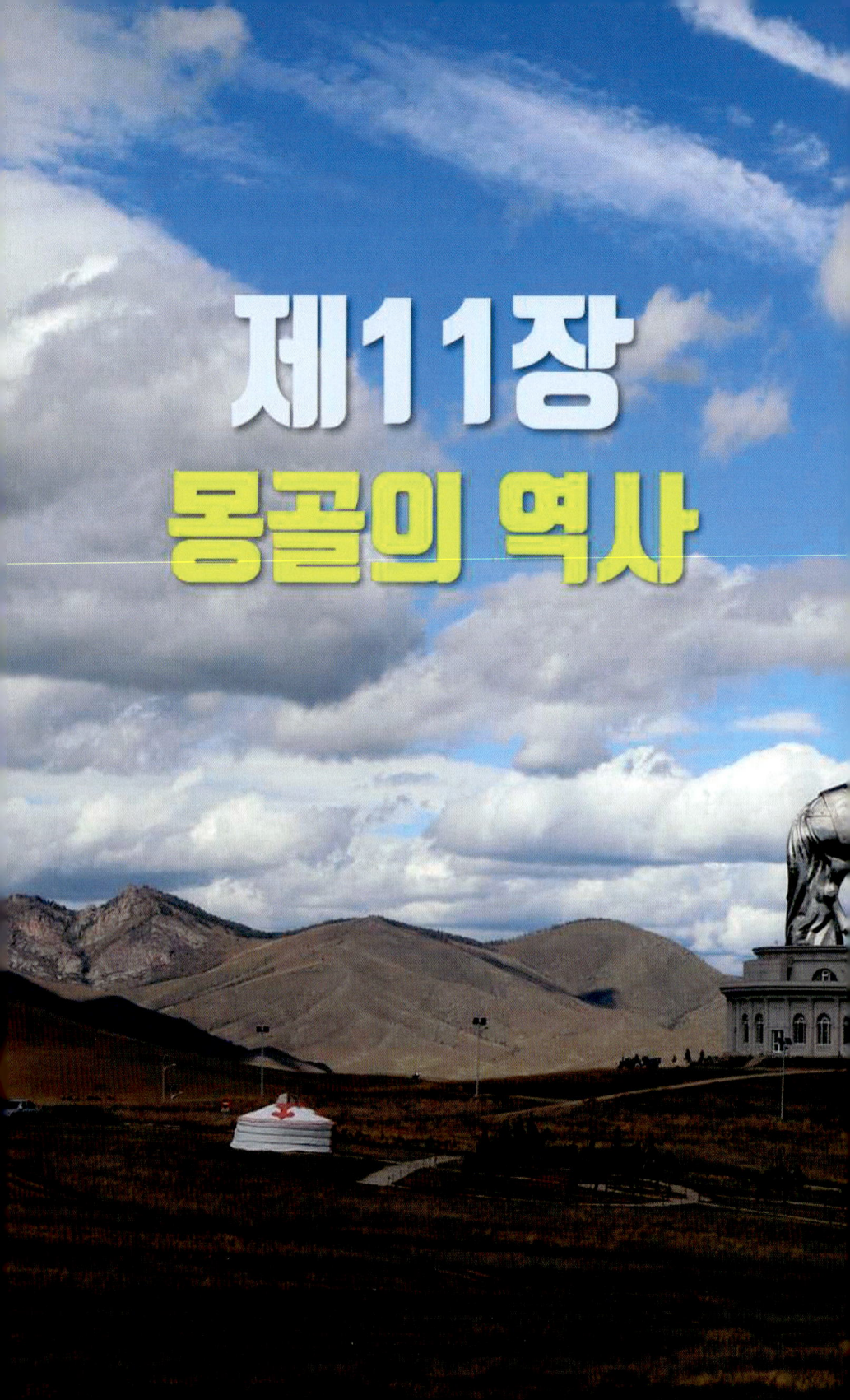

제11장
몽골의 역사

01. 몽골의 선사 시대
02. 몽골의 흉노시대
03. 몽골의 금나라 시대
04. 몽골 제국 시대
05. 원나라 시대
06. 북원 시대
07. 청나라의 지배 시대
08. 보그드칸국 시대
09. 몽골혁명과 공산주의 시대
10. 소련의 위성국 시대
11. 몽골의 민주화 시대

01 몽골의 선사 시대

몽골은 물에서 나온 최초의 육지 중 하나였기 때문에 많은 수의 공룡화석이 발견되고 있으며, 인류의 조상이 기원전 85만년 전에 몽골에 살았을 것으로 추측되는 석기, 주거지, 암각화가 몽골 전역에서 발견되고 있다.

몽골에서 발견된 공룡화석

기원전 6천년 전 알타이어를 사용하던 조상이 나타났으며, 기원전 4천년경 유목문화가 형성되기 시작하였다. 선사 시대에는 유목민족이 다들 그렇듯이 명확하게 혈통을 구분하기 어려우며, 여러 민족이 뒤섞여 있었다.

몽골 민족의 시작은 몽골고원을 중심으로 후이족(Xiongnu)에서부터 시작된 것으로 알려져 있다. 후이족은 기원전 3세기부터 기원후 1세기까지 몽골고원 지역을 중심으로 발전하였으며, 이후 후대에는 고구려, 발해, 삼한 등과 교류하다가 4세기경에 선비(鮮卑)족의 침입으로 인해 몽골 지역에서 후이족은 해체되었다.

현재의 몽골인이 명확하게 기원으로 삼을 수 있는 것은 당나라 시대 이후 역사서에 등장한 '몽올실위(蒙兀室韋; 당나라에게 조공을 바치던 22개의 국가나 부족 중에 몽골 부족)'이라는 부족명 정도가 남아 있다.

역사서에는 오늘날의 몽골 영토에는 원시 튀르크인과 동일한 민족이거나 그 후손으로 추정되는 흉노족이 살면서 인류 역사 최초의 유목제국인 흉노제국을 이루었다고 기록되어 있다. 현대 몽골인의 조상들은 흉노족의 일부가 만주의 서부에서 기원하여 오늘날의 내몽골로 흘러 들어간 것으로 추정된다.

기원전 250년경의 흉노 영토

02 몽골의 흉노 시대

몽골인이 세운 최초의 국가는 흉노(Xiongnu)로 알려져 있다. 흉노족은 기원전 3세기부터 기원후 1세기까지 몽골 고원 지역을 중심으로 살고 있던 몽골족 이외에도 여러 부족들이 통합하여 흉노라는 국가를 세웠다. 흉노는 유목제국 가운데 가장 먼저 세워지고 가장 오래 존속한 제국이었다.

흉노족은 천문학, 금속공예, 유목 등의 분야에서도 높은 수준의 발전을 이루어냈으며 십진법을 가진 군대를 가지고 있었고 활과 화살을 매우 능숙하게 사용했다. 또한 대규모의 기병군을 조직하여 광활한 영역을 지배하였으며, 중국과의 교역으로 국력을 강화하였다. 흉노는 다민족으로 구성된 제국이지만 핵심세력은 몽골족이라고 보는 견해가 우세하다. 흉노족의 선조들은 몽골의 역사와 문화에서 중요한 역할을 하며, 몽골인의 자부심의 대상이 되고 있다.

흉노는 기원전 318년 한(韓), 조(趙), 위(魏), 연(燕), 제(齊)의 다섯 나라와 함께 진(秦)을 공격했지만, 결과는 6국의 참패로 끝났다. 그러나 흉노는 점차 영토를 확장하면서 세력이 절정에 이르렀고 멀리 북쪽으로는 바이칼 호수, 남쪽으로는 중국의 만리장성, 서쪽으로는 투르키스탄에 이르기까지 광활한 지역을 포괄할 수 있었다.

중국을 통일한 진시황제는 기원전 215년, 장군 몽염(蒙恬)을 보내 흉노를 토벌하여 하남의 땅(오르도스)을 점령하고 흉노를 축출한 뒤, 감숙(甘肅)에서 요동(遼東)까지 만리장성을 쌓아 북방 기마 민족들의 침공을 막았다. 당시 흉노의 씨족 족장(族長)이었던 두만(頭曼)은 부족들을 통합하여 선우(單于; 흉노국의 우두머리를 일컫는 이름)가 되어 여러 차례 중국을 공격하다 화평을 맺었다.

두만은 기원전 210년에 사망하기 직전에 황하(黃河)를 넘어서 화평의 걸림돌이 되는 자신의 태자인 묵돌(冒頓)을 인질로서 서쪽의 월지국(月氏國)에 보냈다. 두만은 묵돌을 인질로 보낸 직후 월지를 공격하여 아들을 죽이려 하자, 목돌은 가까스로 월지에서 피신하여 귀국하여 자신을 따르는 자들을 모아 자신을 죽이려는 아버지 두만 선우를 시해하고, 스스로 선우가 되었다.

묵돌이 선우가 된 기원전 209년에는 진시황이 사망한 직후였으며 이로 인해 진나라가 큰 혼란에 빠져 중국은 초한전쟁이라는 내전을 치르고 있었다. 진나라의 쇠퇴를 기회로 삼아 묵돌은 군사를 강화시켜 동쪽의 만주 서부 지역에 위치해 있던 동호(東胡)의 부족장을 죽이면서 동호를 멸망시키고, 나아가 서쪽의 천산산맥과 감숙 지방에 자리 잡은 월지국(月氏國)을 중앙아시아 지역으로 몰아냈으며 남쪽으로 누란(樓蘭), 백양하남왕(白羊河南王)을 병합해 북방 최대의 유목민족 국가를 수립하였다.

유목민족인 흉노족의 지도자가 된 묵돌 선우(재위 기원전 209년~기원전 174년)가 유라시아 초원의 동쪽 지역의 민족들을 차례차례 정복하고 있었다. 묵돌 선우의 통치기 말에 그는 만주와 몽골 고원, 타림 분지 등을 지배했고, 사마르칸트 동쪽의 20개 이상의 지방을 지배하였다고 기록에 남아 있다.

한고조

묵돌 선우

03 몽골의 금나라 시대

거란족이 세운 요나라에 복속되어 있던 몽골은 1114~1125년 여진족이 세운 금나라가 거란족을 토벌하는 와중에 독립하였다. 이때 등장한 몽골의 첫 영웅이 카불칸(칭기즈칸의 증조할아버지)인데, 그는 금나라가 남송과의 전쟁에 몰두하는 동안(1125~1138년) 세력을 강화하였다. 1135년과 1137년, 몽골은 금나라의 배후인 동몽골 일대를 공격, 초원에서 여진족 세력을 몰아내었다. 몽골의 성장은 금나라가 남송과 화의를 맺게 하는 요인이 되었다.

1146년에 카불칸이 사망하자 그의 사촌 동생인 암바가이칸이 칸의 자리를 계승하였다. 하지만 그는 타타르족에게 배신당하자 나라를 금나라에 넘기고 신변을 보호받았다. 그러나 1156년 남송 정복을 준비하던 해릉양왕은 배후를 안정시키고 후환을 제거하고자 암바가이칸을 잔혹하게 처형하였다. 이때 암바가이칸은 죽으면서 자신의 후손들이 복수할 것이라 외쳤다고 한다.

1160년경에는 암바가이칸의 뒤를 이은 카불칸의 아들 쿠툴라칸 역시 여진군과 싸우다 전사하였다. 이후로 칭기즈칸(1189년 칸 선출) 이전까지 칸을 자처하는 이는 없었으며 쿠툴라칸의 조카이며, 칭기즈칸의 아버지 예수게이가 버르지긴 부족장을 맡았을 뿐이었다.

점점 성장하는 몽골을 경계하던 금나라는 이이제이(오랑캐를 이용하여 다른 오랑캐를 통제하고 부리는 방법) 정책을 폈고 타타르족과 동맹하여 몽골을 자주 침략하였다. 많은 몽골인들이 금나라로 끌려가 강제 노동에 시달리거나 시종이 되었다. 그럴수록 몽골인들의 복수심과 몽골의 통일에 대한 갈망은 더욱 깊어져 갔다.

04 몽골제국 시대

테무진의 출생

몽골제국을 세운 테무진은 1162년경 오논강인근 델리운볼락이라 불리는 지역에서 버르지긴 부족장이었던 예수게이와 어머니 호엘룬 사이에서 태어났다. 예수게이는 메르키트족이 지참금을 받고 시집가는 호엘룬을 약탈하여 결혼해서 테무진이 태어났다.

칭기즈칸의 아버지 예수게이는 몽골 땅에서 여진족 세력을 몰아낸 카불칸의 아들 쿠툴라칸의 조카였다. 전설에 따르면 그가 태어날 때 손에 고대 동방 사람들에게 생명을 상징하는 피를 한 움큼 쥐고 있는 등 여러 가지 상서로운 징표들이 나타났다. 예수게이는 이를 길한 징조로 생각하여 자신에게 패배한 타타르 군주인 테무진우게의 이름을 따서 자식에게 테무진이라는 이름을 지어주었다.

테무진이 9세 때 몽골 왕족의 버르지긴족의 후예인 아버지 예수게이의 부족과 오랜 불화 관계에 있던 타타르족은 몽골 부족이 강해지는 것을 두려워하여 예수게이를 손님으로 받아들였다가 독살하였다. 예수게이가 죽자 몽골은 예수게이의 가문인 키야트씨족과 암바가이칸의 직계인 타이치우드씨족 그밖에 몇몇 부족으로 분열되었다.

몽골의 통일

16세의 테무진은 아버지의 정치적 도움을 받은 적이 있는 케레이트부의 한 부족장인 토그릴완칸을 찾아가 신변 보호를 받았다. 20세에 군대를 빌려 메르키트족을 정복하고 부족들을 통합하였다.

1199년 테무진은 케레이트족과 연합하여 고원 서쪽 알타이산맥 방면에 있던 나이만 부족을 공격해서 멸망시키고, 1200년 초 케레이트의 지원군을 호출하여 친척이자 천적인 타이치우드 가문과 자이라트씨의 자무카 연합군을 격파했다. 1205년 테무진은 고원에 남은 마지막 큰 세력인 서나이만 부족과 북메르키트 부족을 격파하고 몽골을 통일하였다.

　1206년 테무진은 쿠릴타이를 소집했고, 그해 2월 오논강변에서 몽골의 부족장들은 부족 연합회의인 쿠릴타이(집회)를 개최하여 백전의 경험을 가진 뛰어난 전략가로 성장한 테무진을 칭기즈칸(강력한 군주 또는 위대한 군주)으로 추대했다.

　칭기즈칸은 종래의 씨족제를 해체하고, 수천 명에 달하는 피복속 부족의 사람들과 그 지역을 자신의 친·인척, 동료들에게 천호, 백호제로 나누어 관리하게 했다. 그리하여 기존 부족·가문의 조직된 형태를 바꾸어 봉건제도와 유사한 조직을 만들어냈다. 그리고 군대는 10진법 체제로 나뉘어 엄격한 기강을 유지했고, 보급품과 군비를 갖추었다.

칭기즈칸

칭기즈칸의 동상

세계 정복

　군대를 정비한 칭기즈칸은 대정복을 수행해나가 1207년 아들 주치를 보내 삼림부족을 정벌, 복속시켰다. 1209년에 서하(西夏)를 공격하여 복속시켰으며, 몽골의 종주권을 인정하기로 하고 강화조약을 체결하였다. 이어 그해에는 톈산위구르 왕국를 복속시켰다. 1213년 군사를 이끌고 금나라를 공략, 만리장성 이남의 금나라의 영토를 정복, 병합했다. 1215년 다시 금을 공격하여 연경을 함락시켰다. 이후 칭기즈칸은 서요를 공격하여 몽골에 병합하여 중국의 영토를 차지하게 된다.

　칭기즈칸은 호라즘제국의 정벌하던 중 1224년 칭기즈칸은 서하의 반란에 대한 소식을 듣고 서둘러 페샤와르를 떠나 몽골 고원으로 귀환했다. 1225년까지 남으로는 인더스강 유역에서 서로는 카스피해를 넘어 남러시아에 이르는 중앙아시아 전역을 점령하여 몽골의 지배하에 들어가게 하였다.

　유라시아 대륙을 정복한 칭기즈칸은 영지를 분할하여 장남 주치는 남서 시베리아에서 남쪽 러시아 땅 및 미래에 정복할 수 있는 모든 토지를, 차남 차가타이에는 중앙아시아와 서요의 옛 땅을, 우구데이에게는 서쪽 몽골 및 위구르, 나이만, 타타르, 중가리아의 지배권을 주었다.

　칭기즈칸은 3명의 동생 주치 카사르, 카치운, 테무게옷치긴 등에게 내몽골 동부 지역의 영토, 여진족의 영역 근처이자 구 거란족과 이민족이 차지했던 지역을 나눠서 분봉해 주었다. 1226년에는 칭기즈칸은 자신에게 복속을 약속한 서하의 황제

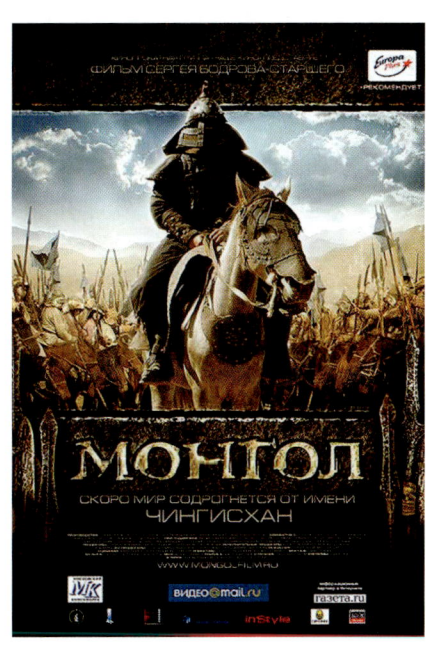

영화 〈몽골, Mongol. 2007〉

가 호라즘 원정에 원군 보내는 것을 거절하고 자신을 모욕한 것에 대하여 괘씸히 여겨 서하에 대한 재원정을 개시했다. 칭기즈칸은 사고로 말에서 낙마한 뒤에 열병을 겪었고, 이에 아들들은 원정을 만류했지만, 칭기즈칸은 원정을 강행했다.

칭기즈칸은 서하의 도시 대부분을 점령했고, 1227년 여름에는 서하 군대를 격파했다. 이후 몽골군은 서하의 수도 흥경을 포위하자 서하에서는 사신을 보내 한 달 뒤 주민들을 이끌고 도시 밖으로 나와 항복하겠다고 제의했고, 칭기즈칸은 이를 허락했다. 하지만 그해 8월 초 칭기즈칸은 갑자기 중태에 빠졌다가 깨어났으나 1227년 8월 18일에 67세의 나이로 사망하였다.

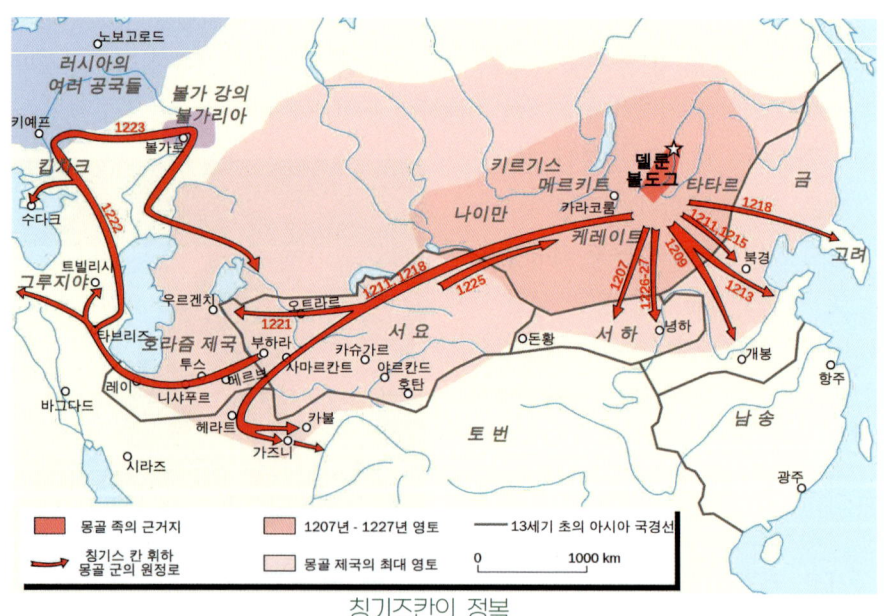

칭기즈칸의 정복

칭기즈칸의 첫째 아들 주치는 그전에 죽고 칭기즈칸 사후 2년간 막내 동생이 섭정을 했지만, 1229년 쿠릴타이에서 칭기즈칸의 셋째 아들 오고데이가 대칸에 올랐다. 둘째 형 차가타이는 오고데이칸을 지지했다. 오고데이는 1229년~1241년(12년)동안 몽골제국의 제2대 대칸이 되어 요동 지방의 거란족 반란군들을 진압하던 중에 1231년 고려를 침략하여 여몽전쟁을 일으켰다. 1235년부터 남송을 침공하여 이후 40여 년 동안 남송과의 긴 전쟁을 시작한다. 1234년 금을 멸망시키고 1235년 남송을 침공하고, 1241년 폴란드 침공 후 사망하였다.

오고데이가 죽은 뒤에 정권을 장악한 것은 오고데이의 6번째 아내이자 나이만족 출신인 퇴레게네카툰과의 사이에서 태어난 장남 구육이었다. 구육은 모든 몽골 왕공들의 지지를 받아 1246년 몽골제국의 3대 대칸에 즉위했다. 그러나 구육은 대칸으로는 1246년 8월 24일~1248년 4월까지 고작 1년 8개월만 집권하고 사망하였다. 그의 사후 칭기즈칸의 손자이자 주치 칸의 차남인 바투를 주축으로 한 몽골인들은 오고데이의 후손이 아닌 툴루이칸의 장남 몽케를 대칸으로 옹립한다.

몽케칸은 칭기즈칸의 4남인 툴루이의 큰아들이자 원나라 세조 쿠빌라이칸, 일 한국의 창시자인 훌라구의 큰형으로 1251년 7월 1일 ~ 1259년 8월 11일까지 8년 1개월 동안 몽골제국의 4대 대칸이 된다. 몽케칸은 동생 훌라구로 하여금 중동 지방을 침공하게 하여 1258년 세계 최고의 문명 발상지이자 고도의 이슬람 문명국인 서아시아의 압바스 왕조를 무너뜨렸다. 그리고 동생인 쿠빌라이칸으로 하여금 남송을 치게 했지만, 쿠빌라이가 독립적인 세력으로 움직이려는 모습을 보이자 쿠빌라이를 뒤로 물리고 본인이 쳐들어갔다가 성도를 비롯한 사천 지역의 대부분을 점령하였으나 금나라의 방어에 막혔고 그 후 병을 얻어 사망했다.

2대 대칸 오고데이칸 3대 대칸 구육칸 4대 대칸 몽케칸

칭기즈칸의 업적

몽골을 여행하면서 칭기즈칸에 대해서 잘 알지 못하면 몽골을 이해하기 어렵다. 몽골인들이 가장 존경하는 사람이 바로 칭기즈칸이며, 칭기즈칸의 후예라는 점에 대해서 자부심이 강하다. 그리고 몽골 여행에서 만나는 관광지나 문화, 예술 등에도 칭기즈칸의 영향을 받지 않은 것이 없을 정도로 칭기즈칸은 중요한 인물이다.

칭기즈칸은 13세기에 들어서 몽골 지방을 통일하여 몽골제국을 세우고 이를 지배하였다. 이후 몽골제국은 중앙아시아와 유럽 등 다양한 지역을 지배하며 큰 영향력을 미쳤다. 몽골제국은 동아시아, 중앙아시아, 중동, 동유럽을 점령하였으며, 시작부터 끝까지 모든 전쟁사를 갈아치운 역사를 상징하는 대제국이 되었다. 당시 서쪽 끝으로 오스트리아의 빈에서부터 동쪽 끝으로 일본의 후쿠오카에 극동 북극 문화권인 사할린까지, 나아가 남쪽 끝으로는 인도네시아의 자바섬까지 몽골제국군의 침략을 받았다.

몽골의 침입을 받지 않은 유라시아 국가는 인도 중남부와 동남아시아 일부, 서유럽 등의 몇몇 국가 정도뿐이었다. 구대륙 사람들의 세계관에서의 전 세계는 유럽, 아시아, 북아프리카밖에 없었던 시절에 진정한 의미의 세계를 경험한 국가는 몽골제국이 유일하다. 단기간에 정복으로 세워진 거대 제국이라는 점에서 나폴레옹의 프랑스 제1제국, 알렉산더 대왕의 헬레니즘 제국과 흔히 비교되기도 하지만, 한 세대 만에 붕괴한 이들에 비해 훨씬 더 큰 규모로 백 년 이상이라는 긴 시간 동안 몽골 중심의 패권을 유지하였다.

칭기즈칸으로 인하여 동양과 유럽이 실크로드로 연결되면서 전 세계는 금속공예와 건축 등 다양한 문화적 발전이 이루어졌으며, 이들은 몽골 문화의 발전에 큰 영향을 미쳤다. 이로 인하여 13세기 몽골은 온 아시아는 물론 일부 유럽까지도 영향을 미치는 등 최전성기를 맞이하게 된다.

05 원나라 시대

쿠빌라이는 칭기즈칸의 손자이자, 칭기즈칸의 막내 적자인 툴루이의 4남이자 전 대칸이었던 몽케칸의 친동생이다. 그리고 고려 충렬왕과 결혼한 제국대장공주의 아버지이며 고려 원종의 사돈, 충렬왕의 장인, 충선왕의 외할아버지이기도 하다.

1260년 대칸의 자리에 올라 대칸의 자리를 두고 동생 아리크부카와 내전을 벌여 1264년에 이겼다. 그러나 내전 이후 친(親) 아리크부카 세력이 떨어져 나가서 쿠빌라이의 직접적인 통치권은 중국과 몽골 초원에만 국한되었다.

5대 대칸 쿠빌라이는 고비 사막 남쪽, 화북 지역에서 세력권을 형성하기 시작하여 대몽골국의 수도를 카라코룸에서 남쪽의 카이펑(開平)으로 이전했다가 금나라의 수도였던 대도(大都, 현재의 베이징)로 수도를 이전했다. 1271년에 쿠빌라이칸은 자신을 중국의 황제로 선포하였으며, 원나라를 개창했다. 국호를 '시초', 혹은 '근원'이라는 뜻의 '원'으로 정했다.

1267년부터 남송을 공격하기 시작하여 1276년 남송의 수도 임안을 함락시켰고 1279년 애산 전투에서 남송의 잔당세력을 정리하면서 중원을 완전히 정복했다. 동아시아 최대의 문명국 송을 멸망시켜 동해에서 남러시아에 이르는 인류 역사상 전무후무한 세계 최대의 제국을 만들었다.

몽골제국은 몽골 본토 및 중국은 황제의 직할령으로 하고, 그 나머지 땅은 이른바 4칸국으로 나뉘어 다스려졌다. 남러시아에는 킵차크칸국, 서아시아에는 일칸국, 중앙아시아에는 차가타이칸국, 서북 몽골에는 오고데이칸국이 건설되었다.

원제국은 중서성(中書省)을 최고관청으로 하는 중국식 중앙 관제를 약간의 손질을 가해 그대로 운용했다. 그러나 고위 관직자들은 몽골인 제일주의에 의거하여 반드시 몽골인으로 충당되었다. 한인들의 거듭된 요구로 14세기에 십여 차례 과거가 시행되기는 하였으나 민족별로 인원이 정해져 있어 한족이 관리가 되기는 어려웠다.

　원제국은 지방의 행정기구로는 예전의 주현제를 그대로 두고, 그 위에 부, 로를 설치했는데, 각 단위에는 다루가치라는 몽골인 감독관을 파견했으며, 고려를 복속하고 고려에도 파견했다. 중국의 전역은 10여 개의 지역으로 묶여 지고, 각각 지역의 크기에 따라 행중서성(行中書省)을 두었는데, 명청 대에 성(省)이 지방 행정구역으로 된 것은 여기에서 유래한다.

　원제국은 백성들을 크게 4개의 신분으로 구별하고 철저한 차등을 두었다. 제1신분은 다수의 중국인을 지배하기 위해 당연히 몽골인이었다. 제2신분은 색목인(色目人)으로 눈에 색이 있는 사람들로 주로 서역 계통의 종족들을 일컫는다. 이들은 원의 제국 확장이나 중국 통치에 일찍부터 중요한 협력자 역할을 해왔으며, 뛰어난 상업·재정 능력을 보유하고 있어 원제국에 대상로를 확보하고 상업적으로 이득을 제공했다. 제3신분은 한인들로 말단의 관직에 봉직할 수 있었다. 최하 신분은 최후에 정복된 남송 지배하의 강남의 중국인들로 아무것도 주어지지 않아 차별 대우를 받았다.

원나라를 개국한 쿠빌라이

마르코 폴로

　쿠빌라이는 학문과 예술을 부흥시켜 희곡 문화가 융성했고, 조맹부, 안휘를 비롯한 한인 지식인들의 예술과 서하 출신의 곽수경이나 서양인 선교사들이 선도한 과학기술, 장인들이 발전시킨 조각과 건축, 황실 후원의 가마에서 만들어진 도자기 등이 소박하고 단출했던 몽골인의 문화를 풍성하게 만들어 주었다.

06 북원 시대

원나라 마지막 황제인 순제(順帝)는 베이징에 명군(明軍)이 쳐들어오자 대도(大都; 北京)를 포기하고 상도(上都; 開平)로 도주하였다가, 계속 명군에게 쫓겨 응창(應昌)으로 피신하여 그곳에서 죽었다. 그 뒤를 이은 태자 소종(昭宗)은 북동방 경주(慶州)로 피하여, 원나라의 연장선이라 할 수 있는 1368~1388년의 북원을 건국하고 선광(宣光)이라는 연호를 정하고 원나라의 중흥을 도모하였다.

1388년 명나라의 15만 대군에게 습격당하자 원말(元末)의 명장 쿠쿠티무르는 명군의 공격을 분쇄하여 잘 싸웠으나, 그가 죽고 소종도 죽어 아우 토구스 테무르가 뒤를 잇자, 북원의 세력은 더욱 쇠퇴하였다. 특히 만주에 있으면서 북원의 좌익(左翼)을 지킨 나하추가, 1387년 명나라에 항복한 것이 결정적인 타격이었다.

이듬해 토구스 테무르는 명군의 공격을 받고 서쪽으로 도망쳐, 본거지인 카라코람으로 돌아가던 중 역신(逆臣)에게 살해되었다. 그 뒤 약 20년 사이에 6대 군주가 비명에 목숨을 잃다가, 결국은 방계(傍系) 출신의 구이리치가 계승하면서 황제라는 칭호를 폐지하여 칸으로 고쳤고, 원(元)이라는 국호도 바꾸어서 타타르라고 하였다.

북원에서는 1388년 토구스 테무르의 자손이 끊어지면서 쿠빌라이 가문의 대칸 세습이 끝나고, 쿠빌라이 왕조인 원나라는 단절되었다. 그 후 명나라의 영락제가 북방을 토벌하면서 유목민족의 세력은 약해졌다. 그러나 1406년 영락제가 몽골 부족과의 조공무역을 승인한 이후, 명나라에서는 비단과 의류, 식량을 수출하고, 몽골 부족들은 말과 모피 등을 수출하는 마시(馬市)가 관례화되었다.

07 청나라 지배 시대

내몽골 지역은 몽골의 동부 좌현의 차하르 부족이 계속 다스리다가, 1635년 만주족이 세운 후금에 차하르 부족의 릭단칸의 아들 에제이가 항복하고 이후 만주와 함께 청나라 아이신기오로 황실의 지배를 받았다. 이 일로 청나라의 황제는 원나라의 옥새를 얻어 몽골제국 대칸의 권위를 이양받았고, 이후 후금은 청나라로 변모하였고 나라가 망할 때까지 몽골의 대칸을 겸했다. 내몽골은 만주족과 혼인 동맹으로 종족이 일체화되어 완전히 청나라의 일부가 되었다.

청나라의 건륭제

이후 청나라는 만주족과 몽골족의 연합제국의 형태를 유지하며 고종 건륭제 때는 할하부가 중심이 된 외몽골까지 병합했다. 외몽골은 준가르와 할하족이 청나라에게 대항하다가 청나라는 18세기 건륭제 시기에 외몽골과 신강, 티베트에 걸쳐 있던 오이라트계 준가르 제국을 격전 끝에 없애버리고 이 지역들까지 모두 정복해 버렸다. 마지막 몽골의 유목제국이었던 준가르 제국은 1623년 발흥해 1755년 청나라 건륭제에게 멸망하기까지 150년간 지속된 몽골 오이라트계의 유목민족이다.

청나라는 자신들의 선조였던 금나라가 몽골에게 망한 것을 상기하여, 몽골이 흥할까 봐 두려워했다. 그래서 몽골의 힘을 약화시키려고 했으며, 그리하여 먼저 자신들에게 스스로 항복하고 충성을 맹세한 내몽골은 혼인 동맹 및 팔기군에 합류시켜 일체화시켰다.

반면에 저항을 지속적으로 해온 외몽골은 반 독립지역으로 따로 놓아두되 권력을 약화시키기 위하여 불교 행사에 돈이 많이 들고 비폭력적인 티베트 불교를 몽골인에게 장려하였다. 이 시기 청나라는 티베트의 달라이 라마와 같은 정치적 지도자로 젭춘담바 후툭투(Жавзандамба хутагт)를 선택했으며, 달라이 라마와 마찬가지로 환생하는 존재로 믿어진 젭춘담바 후툭투는 8대에 걸쳐 몽골을 통치했다.

08 버그드칸국 시대

러시아가 남하해 오면서 외몽골 지역에서는 잦은 전투가 벌어졌다. 청나라의 옹정제 시기에는 1727년 8월 23일 동시베리아의 도시 캬흐타에서 청나라와 러시아 제국 사이에 맺은 국경 조약인 캬흐타 조약으로 외몽골과 부랴티아를 가르는 이 지역의 국경선이 정해졌다. 이는 현대 몽골과 러시아의 국경으로 이어졌다.

1911년 중국의 민주주의 혁명으로 쑨원을 대총통으로 하는 중화민국이 탄생하는 신해혁명이 일어났다. 청나라가 사라지자, 외몽골의 신분이 높은 왕과 공들은 왕공 회의를 열어 제8대 젭춘담바 후툭투인 버그드칸을 중심으로 버그드칸국을 건국해 독립을 선포했다.

버그드칸

쉬수정

폰 웅게른 슈테른베르크

1915년 5월 25일 러시아, 몽골, 중국 사이에서 캬흐타 조약이 맺어졌다. 1915년 맺어진 캬흐타 조약은 3자 조약으로 러시아 제국과 중화민국은 버그드칸국의 자치를 인정했지만, 버그드칸국의 외교권은 중화민국에 이양되었다. 몽골은 정치와 영토 문제에 관하여 외국과 국제 조약을 체결할 수 없었기에 몽골은 중화민국의 통치권을 인정해야만 했다. 이 조약은 1911년 선포된 몽골의 독립국 지위를 크게 축소시켰다.

1917년 10월 러시아 혁명이 일어나 러시아 제국이 망하자 러시아와 맺어졌던 캬흐타 협정은 자동적으로 취소되었으나 중화민국은 외몽골 버그드칸국의 자치마저 불허하게 되었다. 이와 함께 중국의 북양군벌의 파벌인 안휘군벌(安徽軍閥)의 쉬수정(徐樹淨)은 버그드칸국을 공격하고 11월 17일에 버그드칸의 항복을 받아내어 11월 22일 굴욕적인 자치 취소식을 거행하게 하여 복속시켰다.

1917년 10월 혁명 이후 혼란해진 러시아에서 공산주의를 반대하는 세력에 의한 내전이 1918년 2월 발생하였다. 열렬한 반공주의자였던 폰 웅게른 슈테른베르크는 로마노프가 왕조의 복위를 위하여 1918년 말 아시아 기마 사단이라는 의용사단을 편성해 봉기를 일으켰다. 이 부대는 러시아인, 부랴트인, 타타르인, 바시키르인, 몽골인, 중국인, 만주인, 폴란드인 등으로 구성된 다민족 부대였으며, 중러국경의 동청철도를 거점으로 삼고 있었다.

적군의 압박으로 인하여 웅게른은 1920년 10월 1일 자신의 군대와 함께 몽골의 국경을 넘어 몽골의 수도 후레(현 울란바타르)를 향했다. 그리고 도시를 점령하고 있는 중국군과 협상을 시작했다. 그러나 중국군의 무장해제를 비롯한 웅게른의 요구는 모두 거부되었다. 1921년 1월 31일 후레를 향해 다시 공격하여 2월 4일 도시를 함락하였다. 중화민국의 잔류해 있던 병력 대부분을 격퇴한 로만 폰 웅게른 슈테른베르크는 버그드칸국의 독립을 회복시켰다. 전투가 끝난 뒤 웅게른 부대는 중국인들의 상점을 약탈하였다.

웅게른 루터교도였음에도 불교에 심취했고, 동시에 반공주의자였으며 왕권신수설을 신봉하였다. 몽골 점령 기간 동안 밀교에 심취했고, 잔혹한 엽기행동을 반복하여 '미친 남작'이라는 별명을 얻었다. 그가 몽골에서 한 일은 중국에 의해 유폐되었던 버그드칸을 구출하고 숨어있던 러시아인, 유대인 공산주의자들을 잡아 죽이며 공포와 폭력으로 통치했다. 웅게른과 버그드칸의 사이는 매우 좋았고, 그리하여 중국과 소련의 통제에서 벗어난 독자적인 왕국이 수립될 것만 같았지만 모스크바의 볼셰비키 적군이 극동 방면으로 움직이기 시작했다.

09 몽골혁명과 공산주의 시대

몽골혁명은 1921년 3월부터 7월까지 이어진 외국 침략자들과 옛 봉건 영주들을 전복시킨 사건을 말하며, 몽골에서는 1921년 인민혁명 또는 간단하게 인민혁명(Ардын хувьсгал)이라고 부른다. 1921년 몽골혁명은 몽골혁명의 아버지라 불리는 담딩 수흐바타르(Damdin Sükhbaatar, 1893~1923)를 중심으로 1920년 6월 25일 몽골 인민당에 의하여 주도되었다.

담딩 수흐바타르

담딩 수흐바타르(Damdin Sükhbaatar)는 가난한 유목민의 집안에서 태어나 열여섯 살에 역전 마차의 마부가 되었다. 1911년 몽골 독립 후 자치 몽골군의 소집을 받고 입대, 하사관학교를 졸업하고 기관총 대장으로서 공을 세웠다. 수흐바타르는 1917년 10월 러시아 혁명에 자극받아 공산주의자가 되었다.

1919년 몽골은 중국 군벌 쉬수정이 주도한 외몽골 출병으로 인해 자치를 취소당하고 중화민국의 직접 지배를 받게 되자 이에 불만을 품고 1920년 6월 초 이발산 등과 함께 몽골 인민당을 결성하여 독립을 위한 무장투쟁에 들어갔다. 그러나 강력한 중국군 앞에서는 상대가 되지 못하여 여러 전투에서 중국군에게 패배하였다.

1921년 3월 18일 수흐바타르가 이끄는 인민군은 러시아와 몽골 국경 사이에 접해 있는 히아그트를 해방시키기 위한 전투에서 우월한 중국군을 무찌르고 도시를 점령했다. 1921년 6월 28일 소련-몽골 원정군이 몽골국경을 여러 방향에서 진격을 시작했고, 6월 30일에 수도 후레(울란바타르)까지 진격해 러시아 백군을 격파하고 웅게른을 북쪽으로 퇴각시켰다. 7월 6일에는 소련-몽골 연합군은 울란바타르를 완전히 점령했다. 7월 10일에는 후레에서 인민 정부를 수립하고 몽골의 독립을 선포하고 스스로 가장 강력한 국방장관이 되었다.

이때 수흐바타르와 인민당 관계자들은 버그드칸 겨울궁전에 찾아가 버그드칸을 알현하고, 버그드칸에게 국가원수 겸 군주로서의 지위는 유지하되 시대 변화에 맞추어 인민 정부를 구성하는 것이 마땅하다는 건의를 올렸으며 버그드칸은 이를 수락한다. 이로 인해 7월 10일 인민 임시 정부로의 정권 이양식이 거행되었고, 7월 11일 버그드칸은 제한 군주로 복위되었다.

1921년 수흐바타르는 레닌과의 협상을 통해 러시아 적군의 지원까지 받아 소련은 1921년 11월 15일 몽골의 독립을 승인하였고, 1924년 11월 26일에 새로이 제정된 헌법에 따라 몽골인민공화국을 선포하며 세계 2번째의 사회주의 국가가 되었다. 그러나 그는 몽골이 완전한 주권 독립국으로서의 기반을 굳건히 다져가는 것을 보기도 전에 1923년 2월 22일 30세의 젊은 나이에 결핵으로 세상을 떠났다.

담딘 수흐바타르

허를러깅 처이발상

허를러깅 처이발상

담딩 수흐바타르가 일찍 사망하는 바람에 소련은 허를러깅 처이발상(Khorloogiin Choibalsan, 1924년~1952년)을 몽골의 지도자로 낙점했다. 처이발상은 1895년 동몽골 지역에서 미혼모 어머니에게서 막내로 태어났다. 13세 때 티베트 불교 수도승으로 출가하면서 '처이발상'이라는 법명을 받았다.

5년 뒤에 사원에서 도망쳐 수도 후레(현재 울란바타르)에서 잡일을 했다. 그러다 그를 가엾게 여긴 러시아어 선생님의 도움으로 이르쿠츠크에서 1914년~1918년까지 러시아어 전문학교에서 통역 과정을 배울 수 있었다. 그는 러시아에서 유학할 때 러시아 혁명가들과 접촉하면서 공산주의 사상에 심취해있다가 1917년 10월 혁명이 일어나자 혁명가를 꿈꾸게 하였다.

처이발상은 혁명가 수흐바타르의 동료로 몽골의 독립 운동에 참여해 몽골 인민공화국이 세워진 후 권력을 잡았다. 1928년 스탈린은 몽골이 전략적으로 중요함을 인식하고 소련의 안보를 위해 몽골을 철저히 스탈린화할 필요성을 느끼게 되어 그에 적합한 인물로 선택했고 이후 몽골의 권력을 장악하게 된다.

처이발상은 1937년 9월 10일을 기점으로 65명의 고위직을 전격 체포한 이후 18개월간 대숙청을 벌여 정치인과 불교 신자 및 승려들을 처형했다. 혁명 원로까지 무자비하게 잡아들인 이 대숙청에서 당과 정부의 수뇌부 인사 중 25명이 처형되었으며, 군 지휘부 중 187명이, 중앙위원회 위원 51명 중 36명이 처형되었다.

승려의 경우 세 부류로 나뉘어 지식인층은 총살하여 제거하였으며, 비지식인층은 시베리아 수용소에 보내 격리하고, 젊은이들은 재교화 후 귀가시켰는데, 다수를 차지하는 비지식인층의 경우 당장 교화가 불가능한 것으로 판단하여 시베리아 수용소 10~20년형이 선고되었다. 그들 대부분은 혹독한 수용소 환경에서 죽음을 맞이했다.

또한 대부분의 사원들이 파괴되었고 수많은 예술적 가치가 있는 불상과 조형물은 녹여서 소련의 무기 공장으로 보내졌다. 대숙청 기간 동안 18,000명의 지식인층 승려가 처형당했으며, 몽골 각지에 있던 746개 사원이 파괴되고 그곳의 모든 승려들이 쫓겨났다. 몽골 티베트 불교의 본산격인 간단 사원도 1938년부터 1944년까지 폐쇄되었다.

대숙청 기간 동안 죽은 사람의 수는 3만~3만 5천 명 정도로 추산되는데, 당시 몽골의 인구가 80~90만여 명이었던 것을 감안하면 전 인구의 4%에 이르는 엄청난 규모다. 더욱이 처이발상은 한 때 불교 신자였으며 그의 이름은 불교에서 내려준 법명이기에 충격적일 수밖에 없었다. 처이발상은 몽골인과 튀르크인의 전통 머리모양인 알타이식 변발을 외몽골 내에서 금지시켜 완전 자취를 감추었다.

20세기 담딘 수흐바타르 등과 함께 몽골 독립을 쟁취하고 이후 공산화를 주도하면서 근대화를 이룬 지도자라는 평가와 집권 기간 전무후무한 티베트 불교 말살 정책과 대량 숙청, 학살을 주도한 독재자라는 상반된 평가를 받는다. 덕분에 몽골의 스탈린이라고도 불렸는데 실제로 둘은 말년을 제외하면 관계가 돈독했다.

처이발상의 무시무시한 숙청과 폭정이 이어졌지만, 현재 몽골인들은 처이발상에 대해서 그리 나쁘게 생각하지 않고 있으며, 과거사를 청산하려는 움직임이 없다는 것이 매우 특이하다.

10 소련의 준위성국 시대

몽골은 1924년 세계에서 2번째로 사회주의 국가인 몽골인민공화국을 수립하면서 1990년대에 냉전이 끝날 때까지 소련의 준위성국이 되었다. 준위성국은 강대국의 주변에 있어서 정치·경제·군사상 그 지배 또는 영향 아래 있는 약소국가를 가리킨다. 소련의 준위성국 시기는 가혹했다.

몽골은 일단 독립을 유지했지만, 국부 칭기즈칸에 대한 찬사가 전면 금지되었고 몽골 문자도 폐지되고 동구권에서 쓰이는 키릴문자로 변경되었다. 다만 내몽골에서는 여전히 쓰이고 있었다. 몽골 전통의 근간인 유목마저 금지되는 등 많은 간섭을 받았다. 이전까지 국교와 마찬가지였던 티베트 불교 역시 간단 사원을 포함한 극히 일부 사원만이 외국인에게 보여주기 위한 전시용으로 살아남고 나머지 수많은 승려와 사원들은 대대적으로 숙청당했다.

만주국과 몽강국 설립

1931년 만주 사변 이후 일본군이 난데없이 내몽골 동부 흥안성을 침략해서 만주국을 세우고, 내몽골의 나머지 지역에는 몽강국이라는 괴뢰 국가들을 세웠다. 당시 일본은 만주국을 청나라의 마지막 황제이자 만주국의 유일한 황제로 푸이를 즉위시켰다. 그리고 그의 휘하에 일본 관동군과 만주군을 편성하였다. 그리고 몽강국에는 칭기즈칸의 30대 손으로 황금 씨족의 일원인 뎀치그던더브를 칸으로 임명하고, 휘하에 몽골 기병대로 조직된 몽강국 군대를 두었다.

이 두 괴뢰 국가들은 기병 및 기갑, 기계화보병으로 구성된 소련군의 흥안령 산맥을 넘는 만주 작전으로 축출되었다. 그리고 만주국 황제 푸이는 소련 공수 부대에 포로로 잡혀 1946년 도쿄 전범 재판에 증인으로 출석, 만주국 황제 때의 일과 일본제국이 만행을 증언한 뒤에, 1950년 결국 중국으로 넘겨졌다. 그 후 푸순 전범 교도소에서, 10년 동안 지내다 마오쩌둥의 특별 사면령으로 출소했다. 이후 중화인민공화국 시민이 되어 중국과학원 식물연구소 베이징 식물원에서 일하다 61세의 나이에 신장암과 심장병으로 세상을 떠났다.

푸이

뎀치그던더브

뎀치그던더브는 1945년 일본 제국이 패망하고 괴뢰국이었던 몽강국이 무너지자 충칭으로 가 장제스를 예방하고 국민정부에 대한 충성을 맹세했다. 1946년 2차 국공내전이 재개되자 이번에는 국민정부의 편으로 참전함으로 다시 한 번 재기를 노렸다. 그러나 1949년 장제스도 무너져 대만으로 도주하면서 중국 공산당에 항복했다. 중화인민공화국 법원에서 전범으로 재판을 받고 무순전범 교도소에 수감되었다. 1960년 특사되어 자서전을 집필하면서 말년을 보내다가 1963년 내몽골 인민위원회 참의를 지냈다. 1966년 65세의 나이에 사망했다.

할힌골 전투

1939년 5월에서 8월까지 벌어진 할힌골 전투(Battles of Khalkhin Gol)에서 몽골은 러시아와 연합해 몽골지역으로 침입하고자 했던 일본을 격퇴하였다. 몽골의 독립을 승인하지 않았던 중화민국 정부는 1946년 1월 5일에 몽골의 독립을 승인하였으나, 1947년 5월 내몽골 지역의 독립은 인정하지 않고, 중국의 자치구(自治區)로 편입을 시켰다. 이후 중화인민공화국이 성립된 뒤인 1949년 10월 16일에 몽골(몽골인민공화국)과 중국(중화인민공화국)은 정식으로 외교 관계를 수립하였다.

욤자깅 체뎅발의 독재 정치

처이발상이 사망하자 욤자깅 체뎅발이 독재자가 되어 30년이 넘게 몽골을 통치했다. 몽골은 소련의 16번째 공화국으로 불려질 만큼 친소 공산주의 국가가 된다.

이후 1961년 국제연합(UN)에 가입하며 몽골(몽골인민공화국)은 전 세계 국가들로부터 완전한 독립국으로 인정을 받았다. 소련이 개혁·개방을 추진하자 몽골도 개혁·개방정책을 추진하였고, 1988년 12월 몽골인민혁명당은 몽골판 페레스트로이카인 신 칠렐트(Shin chlelt) 정책을 채택하였다. 그리고 1990년 7월, 몽골인민혁명당은 일당독재를 포기하고 자유 총선이 실시되었다.

욤자깅 체뎅발

11 몽골의 민주화 시대

몽골은 아시아의 공산 국가들의 체제 전환 중 가장 모범적인 사례로 손꼽힌다. 페레스트로이카(1985년 4월에 선언된 소련의 사회주의 개혁 이데올로기. 페레스트로이카는 소련의 정치·경제·사회·외교 분야에서의 스탈린주의의 병폐를 제거하기 위한 개혁 정책)를 본받아 몽골에서도 1980년대 후반부터 개혁, 개방정책을 실시했다.

몽골은 소련의 붕괴와 발맞춰 스스로 민주주의를 도입하고 자본주의 시장경제를 도입하면서 피 한 방울 흘리지 않고 체제 전환에 성공했다. 다른 많은 공산권이 민주화 과정에서 크고 작은 혼란을 겪은 것에 비해 몽골은 몽골인민혁명당(현 몽골 인민당)은 순순히 세계사의 흐름에 따라 민주주의로 이행해, 민주화 이후에도 많은 국민들이 지지하고 있다.

푼살마긴 오치르바트

폰살마긴 오치르바트는 몽골의 초대 대통령(1993년~1997년)을 지낸 정치인으로, 1942년에 태어나 소련 광산대를 졸업한 뒤 1965년 공산당인 몽골인민혁명당에 입당히였다. 1990년 3월, 인민대회 간부회의장(서기장)으로 선출되었다가 같은 해 9월, 몽골 초대 대통령으로 취임하자마자 여야당 연립정권을 출범시키고 민주주의 노선을 채택, 정치·경제개혁에 박차를 가하였다.

1992년 2월, 신헌법을 만들어 70여 년간 계속된 공산주의를 포기하고 국명을 몽골인민공화국으로 변경하는 등 급진 개혁 정책을 추진하였다. 1993년에는 초대 직선 대통령으로 선출되어 1997년 6월까지 재임한 뒤 민주 연합의 대통령

후보로 선거에 출마하여 바가반디 몽골인민혁명당 당수에게 자리를 내주었다. 1991년 한국과 경제과학기술협정, 어업협정, 항공협정 등을 체결하는 데 견인차 역할을 하였고, 그해 한국을 방문했다가 2000년에도 한국·몽골 수교 10주년을 기념해 다시 한국을 방문하였다.

푼살마긴 오치르바트

나차긴 바가반디

나차긴 바가반디

나차긴 바가반디는 몽골 제2대 대통령(1997년~2005년)으로서 1950년 몽골 서부 자브한주(州)에서 유목민의 아들로 태어나, 러시아 상트페테르부르크에서 공과대학을 졸업하였다. 이어 울란바타르 맥주공장에서 기술자로 일하다 다시 모스크바에 유학해 사회과학원에서 철학 박사학위를 받았다.

1980년 몽골인민혁명당에 입당하면서 정계에 몸담은 뒤 승진을 거듭해 몽골인민혁명당 당수가 되었다. 이후 뛰어난 언변으로 '민중의 대변자'라는 별칭으로 통하며 국민들의 지지를 5월 얻어 1997년 5월 민주 연합의 오치르바트 대통령을 누르고 제2대 직선 대통령이 되었다. 2001년 5월에는 제3대 대통령 선거에 재출마해 야당인 민주당의 라드나숨베렐린 곤칙도리 전 국회의장을 누르고

재선에 성공하였다. 이로써 2000년 7월 실시된 총선에서 몽골인민혁명당이 76석 가운데 72석을 차지해 압승을 거둔 데 이어 행정부마저 장악하여 독주체제 기반을 구축하였다.

사회주의자이지만 친한파(親韓派)로서, 2001년 2월 국빈 자격으로 방한하여 서강대학교에서 명예 정치학 박사학위를 받았다. 또한 그의 딸이 서강대학교 경제대학원에서 국제경제학을 전공하였다.

남바린 엥흐바야르

남바린 엥흐바야르는 몽골 제3대 대통령(2005년~2009년)으로 1958년 몽골에서 태어났으며, 1990~1996년 문화부장관을 역임하였으며 1997년부터 공산당 후신인 몽골인민혁명당 지도자로 일하였다. 2000년 나차긴 바가반디가 집권하자 그를 도와 2004년까지 국무총리로 재직하였다. 국무총리로 일하던 2003년 11월 한국을 방문하기도 하였다. 2005년 5월 빈곤 퇴치와 외국 투자 유치를 공약으로 걸어 대통령에 당선되었다. 이후 자본주의 도입 후 계속되는 정치 불안과 빈곤에서 벗어나고 러시아와의 관계를 개선하기 위한 정책을 펼쳤다. 2007년 5월 국빈 자격으로 한국을 방문하였다.

남바린 엥흐바야르

차히아깅 엘베그도르지

차히아깅 엘베그도르지

 차히아깅 엘베그도르지는 몽골 제4대 대통령(2009~2017)으로 1963년 몽골 호브드시(市) 제레그에서 태어났다. 2001년 미국 콜로라도대학교 볼더캠퍼스에서 경제학 디플로마를 받았으며, 2002년 하버드대학교 케네디행정대학원에서 공공행정학 석사 학위를 받았다. 1990년 국회의원에 당선된 후 4선 의원을 지냈다. 1990년 공산당 독재체제를 종식시킨 몽골 민주화운동의 리더 중 한 명이며, 민주주의와 인권, 자유시장경제를 도입한 몽골의 새 헌법(1992년 초 제정)을 공동으로 작성하고 채택하는 데 관여하였다.
 1996~1999년 국민민주당 대표를 지냈으며, 1996~2000년 국민민주당과 사회민주당으로 구성된 민주 연합의 의장을 지냈다. 1996년 민주연합이 총선에 승리하여 다수당이 되자 1996년 원내대표가 되었고, 1996~1998년 국회 부의장 직을 맡았다. 1998년 4월 총리에 올랐으며, 2000년 7월 총선에서 몽골인민혁명당이 압승을 거두자, 민주 연합과 기타 군소정당들을 합당하여 민주당을 창당하는 데 주도적 역할을 하였다. 그 후 미국에서 유학한 후 돌아와 총선을 치렀고, 2004년 8월부터 2006년 초까지 두 번째 총리직을 수행하였다. 2009년 5월 24일 치른 대선에서 제4대 몽골대통령으로 당선되었고, 6월 18일 취임하였다. 몽골 최초로 몽골인민혁명당 당적을 갖지 않은 대통령이며, 몽골 최초의 해외유학파 대통령이기도 하다.

할트마 바트톨락

 할트마 바트톨락는 몽골의 제5대 대통령(2017년~2021년)으로서 1963년 3월 3일, 울란바타르에서 태어났다. 부흐(한국의 씨름과 유사한 형태의 몽골 전통 스포츠)와 유도·삼보 국가대표 선수였으며, 세계 선수권에서도 우승해 이름을 떨쳤다. 선수 생활 후에는 사업에 뛰어들어 호텔·요식업에서 큰 성공을 거둔 사업가가 됐고, 정계에도 진출해 2004년부터 2016년까지 3선 국회의원을 역임했다.
 2017년 몽골 대통령 선거에서 몽골 민주당 소속의 후보로 출마하여 몽골 인민당 후보인 미예곰빈 엥흐볼드 국가 대의회 의장을 노리고 당선되었다. 야당인 몽골 인민당이 의회 다수를 점한 여소야대의 상황이라 총리를 비롯한 내각 주도권이 야당에 있어서 권한이 제한적일 수밖에 없었다.

2020년 의회를 장악한 몽골 인민당의 주도로 헌법이 개정되어 대통령 임기가 4년 연임제에서 6년 단임제로 바뀌었다. 이 때문에 바트톨락은 2021년 대선에서 출마하지 못하게 되었다. 바트톨락은 헌법 개정안에 거부권을 행사하고 4월 19일 집권당인 몽골 인민당의 해산 조례를 발표하기도 하였다.

할트마 바트톨락

우흐나 후렐수흐

우흐나 후렐수흐

우흐나 후렐수흐는 몽골의 제6대 대통령(2021년~2026년)으로서 1968년 몽골 울란바타르에서 태어났다. 1989년 몽골 국방대학교 정치학과를 졸업하고, 1994년과 2000년에 몽골 국립대학교 행정관리개발원과 법학연구소에서 행정학을 공부했다. 몽골 인민당의 당대표를 맡았으며, 2021년 몽골 대선에서 72.2%로 압도적인 득표를 하여 민주당의 서드넘존도잉 에르덴(6.38%)를 누르고 승리하였다. 현재 몽골의회의 의석의 2/3 정도를 차지하고 있는 집권 여당의 당수로서 입지가 탄탄한 상태다. 2022년에 벌어진 수흐바타르 광장에서 벌어진 대규모 시위에 국가 비상사태를 거부한 것으로 알려졌다.

참고 문헌

가. 단행본

김기선(2008).『한몽 문화교류사』. 서울 : 민속원.
길희성 외(1997).『환경과 종교』. 서울 : 민음사
몽골관광청(2021). 『통계 자료』 몽골.
박원길(1994).『몽골 고대사 연구』. 서울: 혜안.
박원길, S.촐몬(2013).『한국・몽골 교류사연구』. 서울 : 이매진.
박환영(2010).『몽골유목문화 연구. 서울 : 역락.
신현덕(1996). 몽골인의 생활 풍속. 한·몽골, 교류 천년.
윤대규(2008).『사회주의 체제전환에 대한 비교연구』. 서울 : 한울.
유원수 역(1994).『몽골비사』. 서울 : 혜안.
「신증동국여지승람」
「고려사」

나. 연구 논문

고문자.박경윤(2007). 몽골이 제주방언과 문화에 끼친 영향. 한국어정보학회.
김남웅(2002). 몽골의 주거생활과 난방 방법. 비교민속학 22.
서혜경.이효지.윤덕인(2000). 몽골의 음식문화. 비교민속학 19.
심의섭(2009). 한국과 몽골 간의 자원 협력 개발. 몽골학. 제26호.
양길현(1998). 몽골 민주화의 추동 요인과 진전 과정. 국제정치논총. 제38집.
뭉흐자와하(2011). 몽골 관광상품의 특성과 마케팅전략에 관한 연구. 배재대학교 대학원, 석사학위논문.
바트에르덴(2004). 몽골관광 산업의 발전방안에 관한 연구. 경기대학교.

다. 영문 논문

FIFTA, Mongolian Investment Seeking Projects.
<몽골법률개정정보> http://open.parliament.mn
<몽골선거관리위원회> http://www.gec.gov.mn/parliamentary_election
<몽골통계청> http://www.nso.mn
<유네스코> https://www.unesco.or.kr/
<주한몽골대사관> http://mng.mofat.go.kr
<한국국제교류재단> www.kf.or.kr
<Government Organisations of Mongolia> www.pmis.gov.mn
<GTI> http://www.tumenprogramme.org
<InfoMongolia.com> http://www.infomongolia.com
<KITCO> http://www.kitco.com/
<Mongol News> http://mongolnews.mn

라. 사진 자료

대부분은 직접 촬영하였음
유네스코 지정 문화재 <유네스코> https://www.unesco.or.kr/
표지 그림, 중간 사진 <픽사 베이> https://pixabay.com/ko/

럭셔리 몽골 핵심 문화 체험 3박 4일

일정은 짧지만 짧은 기간 몽골의 핵심을 럭셔리하게 관광하는 일정
[울란바토르(2), 테렐지(1)]

일자	지역	교통편	시간	주요 일정	식사
제1일	인천공항	전용차량	10:20	몽골 칭기즈칸 국제공항으로 출발	[중] 기내식
			13:00	칭기즈칸 국제공항 도착 후 가이드 미팅 울란바토르로 이동	
	울란바토르		14:20	울란바토르 도착해서 몽골의 심장인 칭기즈칸 광장 관람	
			15:30	몽골의 유일한 복드칸 왕궁 관람	
			16:20	울란바토르를 한눈에 볼 수 있는 자이승 기념탑	
			17:00	몽골의 쉰바이쳐 이태준 열사 기념관	
			18:00	저녁 식사 : 한식 후 호텔로 이동 후 체크인 및 휴식	[석] 한식
				HOTEL: 홀리데이 인 울란바토르	4성급
제2일		전용차량	09:00	호텔 조식 및 가이드 미팅 후	[조] 호텔식
			09:30	몽골의 모든 것을 볼 수 있는 몽골 국립 민족 박물관	[석] 한식
			11:30	몽골의 대표 사원 간당 사원	[석] 현지식
			12:00	점심 식사 : 한식	
			13:00	광활한 초원을 볼 수 있는 칭기즈칸 동상	
			14:00	테렐지 국립공원으로 이동	
			14:40	테렐지 국립공원 도착	
			15:00	테렐지의 상징 거북 바위	
			15:30	테렐지의 사원 아리야발 사원 관광	
			16:30	게르 도착 및 휴식	
			18:00	저녁 식사 : 몽골의 대표적인 허르헉	
			20:00	수백만 개의 별 관찰	
				HOTEL: 게르	

제3일	전용차량	9:00	게르 조식 및 가이드 미팅 후	[조] 현지식
		10:00	초원을 달리는 승마 체험	[중] 현지식
		11:00	테렐지 산책	[석] 현지식
		12:30	점심 식사 : 현지식	
		13:30	13세기 민속촌으로 이동	
		14:30	칭기즈칸의 일상을 경험할 수 있는 13세기 민속촌 관람	
		15:30	몽골에서 가장 큰 나랑톨 재래시장 관광	
		17:30	몽골의 전통 예술과 흐미를 보고 들을 수 있는 민속 공연	
		18:30	저녁 식사 : 한식	
		19:30	호텔 투숙 및 휴식	
			HOTEL: TD LARGOS PARK HOTEL	4성급
제4일		09:00	호텔 조식	[조] 호텔식
		09:30	몽골 최대의 국영 백화점 노민 백화점 관람	[중] 기내식
		10:30	칭기즈칸 국제 공항으로 이동	
		11:30	칭기즈칸 국제 공항 도착	
		14:00	인천국제공항으로 이동	
		18:10	인천국제 공항 도착 후 해산	
			♬감사합니다. 안녕히 가십시오	
** 상기 일정은 항공 및 현지 사정에 의하여 변동될 수 있습니다.				

몽골 고비 탐험 5박 6일

고비사막의 위대함과 아름다움에 심취하는 일정
[울란바토르(1), 테렐지(1), 고비사막(3)]

일자	지역	교통편	시간	주요일정	식사
제1일	인천공항	전용차량	10:20	몽골 칭기즈칸 국제공항으로 출발	[중] 기내식
			13:00	칭기즈칸 국제공항 도착 후 가이드 미팅 울란바토르로 이동	
	울란바토르		14:20	울란바토르 도착해서 몽골의 심장인 칭기즈칸 광장 관람	
			15:30	몽골의 유일한 복드칸 왕궁 관람	
			16:20	울란바토르를 한눈에 볼 수 있는 자이승 기념탑	
			17:00	몽골의 쉬바이쳐 이태준 열사 기념관	
			18:00	저녁 식사 : 한식 후 호텔로 이동 후 체크인 및 휴식	[석] 한식
				HOTEL: 홀리데이 인 울란바토르L	4성급
제2일		전용차량	09:00	호텔 조식 및 가이드 미팅 후	[조] 호텔식
			09:30	몽골의 모든 것을 볼 수 있는 몽골 국립 민족 박물관	[석] 한식
			11:30	몽골의 대표 사원 간당 사원	[석] 현지식
			12:00	점심 식사 : 한식	
			13:00	광활한 초원을 볼 수 있는 칭기즈칸 동상	
	테렐지		14:00	테렐지 국립공원으로 이동	
			14:40	테렐지 국립공원 도착	
			15:00	테렐지의 상징 거북 바위	
			15:30	테렐지의 사원 아리야발 사원 관광	
			16:30	게르 도착 및 휴식	
			18:00	저녁 식사 : 몽골의 대표적인 허르헉	
				HOTEL: 게르	

제3일	고비사막	전용차량	09:00	게르 조식 및 가이드 미팅 후	[조] 현지식
			10:00	초원을 달리는 승마 체험	[중] 현지식
			11:00	테렐지 산책	[석] 현지식
			12:30	점심 식사 : 현지식	
			13:30	고비사막으로 이동	
			16:00	차강소브라가 도착 및 관광	
			18:00	숙소 도착 및 저녁식사	
				HOTEL: 게르	
제4일	고비사막	전용차량	08:00	기상 및 아침식사	[조] 현지식
			10:00	욜링암으로 출발	[중] 현지식
			12:00	점심식사	[석] 현지식
			13:00	욜링암 도착 및 트렉킹	
			18:00	저녁식사	
			20:00	은하수 관찰	
				HOTEL: 게르	
제5일	고비사막	전용차량	08:00	기상 및 아침식사	[조] 현지식
			09:00	홍골린엘스로 출발	[중] 현지식
			12:00	점심식사	[석] 현지식
			13:00	홍골린엘스로 도착	
			14:00	사막등반, 사막썰매, 낙타체험	
			18:00	저녁식사	
				HOTEL: 게르	
제6일	고비사막 / 울란바토르	전용차량	08:00	기상 및 아침식사	[조] 현지식
			09:00	비잉직으로 이동해서 관광	[중] 현지식
			12:00	점심식사	[석] 현지식
			13:00	울란바토르로 이동	
			19:00	저녁 식사	
			21:00	울란바토르 도착	
				HOTEL: 게르	

제7일		09:00	호텔 조식	[조] 호텔식
		09:30	몽골 최대의 국영 백화점 노민 백화점 관람	[중] 기내식
		10:30	칭기즈킨 국제 공항으로 이동	
		11:30	칭기즈칸 국제 공항 도착	
		14:00	인천국제공항으로 이동	
		18:10	인천국제 공항 도착 후 해산	
			♪감사합니다. 안녕히 가십시오	
** 상기 일정은 항공 및 현지 사정에 의하여 변동될 수 있습니다.				

힐링 몽골 10박 11일

몽골의 명소에서 가장 기억에 남는 추억을 만들어 주는 일정
[울란바토르(1), 테렐지(1), 고비사막(3), 홉스골(5)]

일 자	지 역	교통편	시 간	주 요 일 정	식 사
제1일	인천공항	전용차량	10:20	몽골 칭기즈칸 국제공항으로 출발	[중] 기내식
			13:00	칭기즈칸 국제공항 도착 후 가이드 미팅 울란바토르로 이동	
	울란바토르		14:20	울란바토르 도착해서 몽골의 심장인 칭기즈칸 광장 관람	
			15:30	몽골의 유일한 복드칸 왕궁 관람	
			16:20	울란바토르를 한눈에 볼 수 있는 자이승 기념탑	
			17:00	몽골의 쉬바이쳐 이태준 열사 기념관	
			18:00	저녁 식사 : 한식 후 호텔로 이동 후 체크인 및 휴식	[석] 한식
				HOTEL: 홀리데이 인 울란바토르L	4성급
제2일		전용차량	09:00	호텔 조식 및 가이드 미팅 후	[조] 호텔식
			09:30	몽골의 모든 것을 볼 수 있는 몽골 국립 민족 박물관	[석] 한식
			11:30	몽골의 대표 사원 간당 사원	[석] 현지식
			12:00	점심 식사 : 한식	
			13:00	광활한 초원을 볼 수 있는 칭기즈칸 동상	
	테렐지		14:00	테렐지 국립공원으로 이동	
			14:40	테렐지 국립공원 도착	
			15:00	테렐지의 상징 거북 바위	
			15:30	테렐지의 사원 아리야발 사원 관광	
			16:30	게르 도착 및 휴식	
			18:00	저녁 식사 : 몽골의 대표적인 허르헉	
				HOTEL: 게르	

제3일	고비사막	전용차량	09:00	게르 조식 및 가이드 미팅 후	[조] 현지식
			10:00	초원을 달리는 승마 체험	[중] 현지식
			11:00	테렐지 산책	[석] 현지식
			12:30	점심 식사 : 현지식	
			13:30	고비사막으로 이동	
			16:00	차강소브라가 도착 및 관광	
			18:00	숙소 도착 및 저녁식사	
				HOTEL: 게르	
제4일	고비사막	전용차량	08:00	기상 및 아침식사	[조] 현지식
			10:00	욜링암으로 출발	[중] 현지식
			12:00	점심식사	[석] 현지식
			13:00	욜링암 도착 및 트레킹	
			18:00	저녁식사	
			20:00	은하수 관찰	
				HOTEL: 게르	
제5일	고비사막	전용차량	08:00	기상 및 아침식사	[조] 현지식
			09:00	홍골린엘스로 출발	[중] 현지식
			12:00	점심식사	[석] 현지식
			13:00	홍골린엘스로 도착	
			14:00	사막등반, 사막썰매, 낙타체험	
			18:00	저녁식사	
				HOTEL: 게르	
제6일	고비사막 홉스골	전용차량	08:00	기상 및 아침식사	[조] 현지식
			09:00	비앙작으로 이동해서 관광	[중] 현지식
			12:00	점심식사	[석] 현지식
			13:00	홉스골로 이동	
			14:00	저녁 식사	
			18:00	홉스골 도착	
				HOTEL: 게르	

제7일	홉스골	전용차량	08:00 기상 09:00 아침식사 10:00 홉스굴 유람선 탑승 12:00 점심식사 13:00 홉스굴 호수 주변 승마 트렉킹 18:00 저녁식사 20:00 캠프파이어 HOTEL: 게르	[조] 현지식 [중] 현지식 [석] 현지식
제8일	홉스골	전용차량	08:00 기상 09:00 아침식사 10:00 호수에서 보트 체험 12:00 점심식사 13:00 차탕족 문화 체험 18:00 저녁식사 20:00 은하수 관찰 HOTEL: 게르	[조] 현지식 [중] 현지식 [석] 현지식
제9일	홉스골	전용차량	08:00 기상 09:00 아침식사 10:00 승마 체험 12:00 점심식사 13:00 투명 카약 체험 15:00 강변 따라서 트렉킹 18:00 저녁식사 HOTEL: 게르	[조] 현지식 [중] 현지식 [석] 현지식

제10일	홉스골	전용차량	08:00	기상	[조] 현지식
			09:00	아침식사	[중] 현지식
			10:00	승마 체험	[석] 현지식
			12:00	점심식사	
			13:00	투명 카약 체험	
			15:00	강변 따라서 트렉킹	
			18:00	저녁식사	
				HOTEL: 게르	
제11일	인천	국내선 국제선	09:00	조식	[조] 호텔식
			09:30	몽골 국제 공항으로 이동	[중] 기내식
			10:30	칭기즈킨 국제 공항으로 이동	
			11:30	칭기즈칸 국제 공항 도착	
			14:00	인천국제공항으로 이동	
			18:10	인천국제 공항 도착 후 해산	
				♪감사합니다. 안녕히 가십시오	
** 상기 일정은 항공 및 현지 사정에 의하여 변동될 수 있습니다.					

저자 소개

류 윤엽

저자는 현재 와이투여행사 대표로서 한국에서 대표적인 힐링 여행 프로그램, 럭셔리 여행 프로그램을 개발하여 운영하고 있으며, 힐링 여행으로 세계적으로 가장 유명한 여행사로 성장하기 위하여 노력하고 있다.

또한 핸뉴퍼스널브랜딩 회사의 대표로 개인이나 기업을 대상으로 이미지메이킹과 퍼스널 브랜딩을 통해 꿈을 실현시켜 주고 있으며, 한국여행치료협회 회장으로서 세계에서 유일한 여행치료와 여행심리상담 프로그램을 개발하여 전국에 보급하고 있으며, 심리치료 프로그램으로 EAP 사업을 전개하고 있으며, 전국의 대학교, 평생교육원, 지자체에서 강의를 하고 있다.

힐링 몽골

초판1쇄 인쇄 : 2024년 7월 30일

초판1쇄 발행 : 2024년 7월 30일

지은이 : 류윤엽

펴낸이 : 류윤엽

출판사 : 핸뉴북스

주소 : 서울, 종로구 사직로8길 4, 광화문 스페이스본 101동 204호

전화 : 02-732-0202

e-mail : yoony1015@naver.com

등록번호 : 제(979-11) 988330호

※ 잘못된 책은 바꾸어 드립니다.

※ 무단복제를 금합니다.

ISBN   979-11-988330-0-6[03910]

값 18,000원